新編諸子集成續編

申鑒注校補

〔漢〕荀　悅　撰
〔明〕黃省曾　注
孫啓治　校補

中　華　書　局

圖書在版編目（CIP）數據

申鑒注校補／（漢）荀悦撰；（明）黄省曾注；孫啓治校
補．—北京：中華書局，2012.9（2023.5 重印）
（新編諸子集成續編）
ISBN 978-7-101-08733-8

Ⅰ．申…　Ⅱ．①荀…②黄…③孫…　Ⅲ．①政論–中
國–東漢時代②《申鑒》–注釋　Ⅳ．B234.942

中國版本圖書館 CIP 數據核字（2012）第 123030 號

責任編輯：石　玉
責任印製：陳麗娜

新編諸子集成續編
申　鑒　注　校　補
〔漢〕荀　悦　撰
〔明〕黄省曾　注
孫啓治　校補

*

中　華　書　局　出　版　發　行
（北京市豐臺區太平橋西里 38 號　100073）
http://www.zhbc.com.cn
E-mail：zhbc@zhbc.com.cn
三河市鑫金馬印裝有限公司印刷

*

850×1168 毫米 1/32 · 8⅜印張 · 2 插頁 · 160 千字
2012 年 9 月第 1 版　　2023 年 5 月第 3 次印刷
印數：6001–7500 册　　定價：32.00 元

ISBN 978-7-101-08733-8

新編諸子集成續編出版緣起

新編諸子集成叢書，自一九八二年正式啟動以來，在學術界特別是新老作者的大力支持下，已形成規模，成爲學術研究必備的基礎圖書。叢書原擬分兩輯出版，第一輯擬目三十多種，後經過調整，確定爲四十種，今年將全部出齊。第二輯原來只有一個比較籠統的規劃，受各種因素限制，在實施過程中不斷發生變化，有的項目已經列入第一輯出版，因此我們後來不再使用第一輯的提法，而是統名之爲新編諸子集成。

隨着新編諸子集成這個持續了二十多年的叢書劃上圓滿的句號，作爲其延續的新編諸子集成續編，現在正式啟動。它的立意、定位與宗旨同新編諸子集成一脈相承，力圖吸收和反映近幾十年來國學研究與古籍整理領域的新成果，爲學術界和普通讀者提供更多的子書品種和哲學史、思想史資料。

續編堅持穩步推進的原則，積少成多，不設擬目。希望本套書繼續得到海内外學者的支持。

中華書局編輯部

二〇〇九年五月

目　録

前言

我做了政論、昌言二書校注之後，本來不打算整理荀悦的申鑒這部同樣是後漢人議論政事與時俗的書。一來已有明人黃省曾的注，引經據典，校勘文字，大致還能把這本模仿法言的書讀下去。二來我覺得，後漢人批評社會與時弊，像王充、王符、崔寔、仲長統等，雖各自議論有所偏重，觀點有所異同，但都是直抒胸臆、切指時弊、大抵無所忌諱的。荀悦則不同，他的申鑒在說正面的道理，談理想的政治、倫理與社會，明明所説都和時政相反，卻對時弊少有針砭。看上去，就像一個人處身於雜亂骯髒的屋子裏，坐在那兒閉着眼，嘴裏自說自話道「屋子要保持整潔乾淨」而對四周的雜亂骯髒不說一句。這種「坐而論道」的「空言」，我讀起來覺得別扭。但最終，我還是決定依靠黃省曾的注，把這書給整理出來，在黃注基礎上寫了這部申鑒注校補。這理由，要向讀者交待一下。

首先，四庫全書總目提要説：「此書剖析事理亦深切著明，蓋由其原本儒術，故所言皆不詭於正也。」正因爲這書「原本儒術」、「不詭於正」，所以後世的人，尤其是宋明以後的士大夫們當中，有些人推崇申鑒，因爲他們都是主張「怨而不怒」的。這大概就是爲什麼不同於政論、昌言久已散佚的命運，申鑒靠着後人傳刻，五卷書大體上留存下來，黃省曾還爲之作注。所以，這書畢竟對後世還有點影響，不能因爲我或與我有同感的人看着不痛快，就把它摒棄於子書的殿堂外，抹殺它在後漢思想史上應有的一定地位。其次，所謂知人論世，看一部書所議論，你想知道作者爲什麼要這樣説，就必須對作者的時代與身世有所了解，才能對書做出接近實際的評價，這同樣也不能全憑個人感情來衡量作者的書。

荀悅是後漢名士「八龍」之一荀儉之子，他的叔父荀爽更是大儒。漢獻帝建安元年，曹操初爲鎮東將軍，荀悅當了曹操的幕僚。後來，他和孔融、堂兄弟荀彧一同「侍講禁中」，就是爲皇帝談學問、當顧問。孔融與曹操不和，曹操專權之後，他還是與之作對，語多譏刺，結果得罪曹操，下獄處死，妻小也被殺。荀彧卻是曹操的得力

謀士，很被曹操看重，但後來他反對曹操進爵爲魏王，就因爲這，遭曹操忌恨，結果
被迫服毒自殺。荀悅則始終不被曹操看重，後來當了祕書監，就是主管
圖書文籍，並成了獻帝身邊的顧問。他出生名士世家，後漢書本傳說他「年十二，能
說春秋」，「性沈靜，美姿容，尤好著述」。既然不爲世所用，懷才不遇的情緒是難免
的。如果他要針砭政弊，提出政事改革的主張，則不免觸犯曹操，而孔融和堂兄弟
荀或得罪曹操的結局，是他親眼所見的；如果他真要勸勵獻帝實際有所行動以「重
整朝綱」，則不僅獻帝，連他自己也明白是徒勞，曹操擅權挾制獻帝，也是他親身感
受的。那麼，身處閑職的他既然「尤好著述」，就著述以自遣吧。但既不敢隨便說話
以得罪曹操，又不甘寂寞而想表達自己，則這「著述」自然就多談理想，少談實際。
所以他這部申鑒雖然內容龐雜，除了治國之方、君臣之道，還涉及修身治學、求神問
卦、修煉養生、貨幣流通以及漢人常議論的肉刑、報私仇、人性善惡、官吏的俸祿與
考核、經學的今古文、讖緯的真僞等話題，但對時局的嚴重性少有中肯的議論，無所
針砭，最多在夾縫中說一二句。明代王鏊替申鑒黃注本作序，說：「悅每有獻替，而

意有未盡，此申鑒所爲作者，蓋有志於經世也。然當時政體，顧有大於攬機務（顧有，豈有），使權不下移者乎？而曾無一言及之，何哉？厥後融以論建漸廣（謂議論牴牾曹操處漸多），或以不阿九錫（謂不阿奉曹操進爵爲魏王），皆不得其死。悅獨優游以壽終，其亦善處濁世者矣。」正是因爲這書繞開朝廷「攬機務，使權不下移」之類敏感問題，所以他才躲過孔融、荀彧的下場，「獨優游以壽終」的。替這書作注的黃省曾也在序中說「悅於見幾君子誠若有愧（見幾，隨機應變。指荀悅不得罪曹操，以求容身）」，又說申鑒五卷「亦徒空言也矣」。所謂「空言」，就是指避而不談實際問題。

後漢書本傳說，荀悅寫這部申鑒，是奏給獻帝看的。據書中有「臣悅叔父爽」之語，稱己爲「臣」，則本傳說法可信。他開篇就解釋書名「申鑒」之意，說：「夫道之本，仁義而已矣。五典以經之，羣籍以緯之，詠之歌之，弦之舞之。前鑒既明，後復申之。故古之聖王，其於仁義也，申重而已。篤序無彊（彊通疆），謂之『申鑒』。」意思是說，道的根本就是仁義，五經所載是仁義的綱要，羣書所說是仁義的闡發，人們的歌詠舞蹈也是讚頌仁義的。仁義之道，於前人往事既然明白可借鑒，後人就再申述它。所以古代聖王對於仁義，只是申述仁義的前鑒而已。老老實實地一再申述，這就叫「申鑒」。那麼，他著這部書總的意思就清楚了，一是主張儒家的仁義是道的根本所在，二是行仁義要借鑒前人，也就是古人。所以，申鑒這書凡是論到治國之方、君臣之道，大抵都是申述儒家經典的固有說法，而且不和現實挂鈎的。這，說他是「原本儒術，故所言皆不詭於正」也可，說他是「老生常談」也未嘗不可。

「立天之道曰陰與陽，立地之道曰柔與剛，立人之道曰仁與義。」這是易說卦文，意思是成就天的道是陰與陽，成就地的道是剛與柔，成就人的道是仁與義。這是把人的仁義與天地之陰陽、剛柔並列為三。荀悦在議論為政綱要的政體篇中引了說卦此文，他加以申述，說：「陰陽以統其精氣，剛柔以品其羣形，仁義以經其事業，是為道也。」意即以陰陽統領天的精氣，以剛柔分別地的羣物，以仁義經營人的事業，這就是道。如果倒過來推演他的話，就是人辦事要根據仁義，是因為地上萬物都有剛柔；地上萬物所以有剛柔，是因爲天上有陰陽之精氣（萬物稟受陰陽精氣成形於地，所以因陰陽之氣而有剛柔）。也就是說，「仁義」體現了地上萬物的「剛柔」和天上精氣的「陰陽」。他接着說：「故凡政之大經，法、教而已。教者，陽之化也；法者，陰之符也。」意即治理政事的常道就在刑法與教化而已，教化是順着陽氣的化育，刑法則符合陰氣的肅殺。然後他圍繞「法、教」解釋了仁義禮信智一系列概念，說：「仁也者，慈此者也；義也者，宜此者也；禮也者，履此者也；信也者，守此者也；智也者，知此者也。」意思是，「仁」就是以慈愛心施行法與教，「義」就是執行法與教得當，「禮」就是履行這個法與教，「信」就是遵守這個法與教，「智」就是知曉施行法與教的方法。儒家的仁義禮信智概念，都被賦予治理政事的内涵，這顯然是說給獻帝聽的。那麼對於施行法與教，怎樣體現這些道德準則？他說：「是故好惡以章之（章通彰），喜怒以涖之，哀樂以恤之。」「好惡」針對人的善與不善，對善人則喜好而施教，對不善的人則厭惡而施法，所以「好惡」是彰明法與教的勸善懲惡作用。「喜怒」是「好惡」的反應，行教化則心喜，行刑罰則心怒。「哀樂」指自己内心

感情，念及施教則心情快樂，念及施法則心情悲哀。「哀樂以恤之」，就是指施行法

與教要有慈愛之心，所以才行教樂而施法哀。那麼「好惡以章之，喜怒以涖之」就都

是因人的善惡不同才有好惡喜怒，而不是專由自己的好惡喜怒來施行法與教。用

慈愛心施行法與教就是「仁」，由「仁」而行之得宜就是「義」（義的本來意思就是行

爲合理得宜）。仁義爲根本，主要就體現在法與教上，禮信智三者都是圍繞仁義說

的。所以説「立人之道曰仁與義」，「仁義以經其事業」。這樣理解，也符合他開篇說

的「夫道之本，仁義而已」。他下結論：「若乃二端不忒，五德不離，六節不悖，則三

才允序，五事交備，百工惟釐，庶績咸熙。」這是説，如果法與教兩方面不出差錯，仁

義等五種道德準則不喪失，好惡等六種情感不違理，那麼天地人之關係一定和順，

人主修身的五件事也就具備（「五事」指尚書洪範所稱對人主的「貌」即態度、「言」、

「視」即觀察、「聽」、「思」五個要求），百官就治理好事情，各種事業都興旺起來。

既然以仁義爲根本的法與教是治理政事的常道，那麼他認爲治國的綱要就是

「惟先喆王之政（喆同哲），一曰承天，二曰正身，三曰任賢，四曰恤民，五曰明制，六

曰立業。承天惟允，正身惟常，任賢惟固，恤民惟勤，明制惟典，立業惟敦，是謂政體也」。是說先代明哲君王的治政，一是自己承奉天命，二是自己以身作則，三是用賢，四是體恤百姓，五是使制度透明，六是建立功業。承奉天命要誠信，以身作則要有恒，用賢要堅定，體恤百姓要勤快，制度透明要依據正道常法，建立功業要勉力。他認爲這就是治政的大體。要達到這樣的「政體」，必須摒除「四患」，崇尚「五政」。他說的「四患」就是「一曰僞（弄虛作假），二曰私（講私情），三曰放（放縱橫行），四曰奢」，因爲「僞亂俗（亂俗，傷風敗俗），私壞法，放越軌，奢敗制」，所以「四者不除，則政末由行矣（末，無）」。他說的「五政」就是「興農桑以養其生（其生，國家的生民，民衆），審好惡以正其俗（審定什麼該愛好去做和什麼該厭惡不去做，以此整頓國家的風俗），宣文教以章其化（宣揚德教以彰明國家的教化），立武備以秉其威（建立軍備以保持國家威勢），明賞罰以統其法（明確賞罰的規定以統一國家法度）」這五個政事措施。

以上就是荀悅在政體篇提出的治國常道與綱要。但針對當時的現實，他說的

並不具體。比如「興農桑以養其生」這條，他說：「帝耕籍田，后桑蠶宮（桑，喂蠶）

國無遊民，野無荒業，財不虛用，力不妄加，以周民事（以此適應百姓從事農業），是

謂養生。」這「帝耕籍田」就是天子行「籍禮」，在皇家徵用民力耕種的田地上推幾步

犁做個樣子。「后桑蠶宮」就是皇后到皇家養蠶的蠶館裏喂蠶，也是做個樣子。二

者都是表示國家重視農業的儀式，談不上興旺農業的具體辦法。對其餘「正俗」、

「章化」、「秉威」、「統法」四條的說法，大致也都是泛泛而談。他還提出「惟修六則，

以立道經」（制定六項原則，以建立行道的準則）、「惟恤十難，以任賢能」（用賢能要

注意十種難處）、「惟察九風，以定國常」（制定國法要觀察九樣風氣）、「惟慎庶獄，

以昭人情」（慎重對待審案，以剖白民情）、「惟稽五赦，以綏民中」（根據五個原則決

定赦免，以安撫百姓）等，也都是浮在儒家仁義道德的理論層面，而少接觸實際問

題。例如「惟察九風，以定國常」這條，他說：「惟察九風，以定國常。一曰治，二曰

衰，三曰弱，四曰乖，五曰亂，六曰荒，七曰叛，八曰危，九曰亡。君臣親而有禮，百僚

和而不同（百官和睦相處，但各有自己的不同見解，不求一致而隨大流），讓而不爭，

勤而不怨，無事惟職是司（除恪守職務，別無他事），此治國之風也。禮俗不一（不一，不統一），位職不重（不重，沒有威望），小臣讒嫉，庶人作議（百姓議論紛紛），此衰國之風也。君好讓（讓，屈讓），臣好逸，士好遊（遊，遊樂放蕩），民好流（流，流散國外），此弱國之風也。君臣爭明（爭明，爭着表現自己明智），朝廷爭功，士大夫爭名，庶人爭利，此乖國之風也。上多欲，下多端（政事紛雜），法不定，政多門（政令不統一），此亂國之風也。以侈爲博，以伉爲高，以濫爲通（以奢侈爲多財富有，以抗命爲清高剛毅，以胡亂行事爲開明通達），遵禮謂之劬，守法謂之固（遵從禮教叫做苦自己，恪守法度叫做拘泥固執），此荒國之風也。以苛爲密（以法令繁重爲治理嚴明），以利爲公（把謀私利當成公務），以割下爲能（把剝削下民當成有才能），以附上爲忠（以附和上司表示忠），此叛國之風也。上下相疏（君臣不和），内外相蒙（上裏面的朝廷和外面的百姓互相矇騙），小臣爭寵，大臣爭權，此危國之風也。上不訪，下不諫（君不咨詢臣，臣不勸諫君），婦言用，私政行（只聽信寵幸婦人的話，後宮執政，此亡國之風也。」他把九種國家的不同風氣都說到了，但明白之後怎麼根據當時現狀「定國常」呢？他沒說下去。

在本書雜言上篇，荀悅說了這麼一段話：「人主之患，常立於二難之間。在上而國家不治，難也；治國家則必勤身苦思，矯情以從道，難也。」當人主的苦惱，就是常處於兩難之間。居君位而國家不得治理，就難做君了；要治好國家，必須苦身勞心，抑制情感而從道義，就難做人了。當然他希望人主克制自己，做到不難爲君。在政體篇他說「聖王屈己以申天下之樂，凡主申己以屈天下之憂（二「之」字和「於」同義）」，就是這意思。「屈己」，就是指「勤身苦思，矯情以從道」。所以他在同篇中說，做人主的應『有公賦無私求，有公用無私費，有公役無私使，有公賜無私惠，有公怒無私怨』。人主一切爲公，沒有私求、私費、私使、私惠、私怨。他甚至認爲，「愛民如子」、「愛民如身（身，自己）」還不算是最仁的人主。雜言上篇有這麼一段假設的問答：「或曰：『愛民如子，仁之至乎？』曰：『未也。』曰：『愛民如身，仁之至乎？』曰：『未也。湯禱桑林，邾遷于繹，景祠于旱，可謂愛民矣。』曰：『何重民而輕身也？』曰：『人主承天命以養民者也。民存則社稷存，民亡則社稷亡。故重民者，

所以重社稷而承天命也。』」文中舉的三個典故是：商王湯因爲天大旱，以自己身體

作祀神的祭品，祈禱神降雨。春秋時邾國國君文公遷都繹，卜筮的官員說遷都有利

於百姓而不利於王，文公說「上天生民而立君，立君就是爲了利民的」，又說「我有命

就是爲養民，壽命長短是時運，只要利民，就遷都」。齊國大旱，景公聽從晏子，自己

到野外露宿以求雨。荀悦認爲，愛民如子、愛民如己，都不算最仁，只有像商湯、邾

文公、齊景公那樣重民勝於重己，才是最仁的人主，因爲民存則國家在，民亡則國家

沒了。像這樣克己爲公、重民勝於重己的君主，當時恐怕只能停留在荀悦的理

想中。

荀悦在政體篇中說：「天下國家一體也，君爲元首，臣爲股肱，民爲手足。」既然

君臣民一體，那人君治理下民自然離不開中間的臣。所以他在雜言上篇說：「或

問：『致治之要，君乎？』曰：『兩立哉（兩，指君與臣；立，做成）』。非天地不生物，

非君臣不成治。首之者天地也，統之者君臣也哉。』」意思是：有人問：「使國家得

以治理的關鍵，在人君麼？」回答：「國家的治理，是君與臣一起做成的。沒有天地

就不能生萬物，没有君臣就不成治理。始生萬物的是天地，統治萬物的是君臣。」同篇中他還談到人臣之道，説：「大臣之患，常立於二罪之間。在職而不盡忠直之道，罪也；盡忠直之道焉，則必矯上拂下，罪也。有罪之罪，邪臣由之（由，聽任）；無罪之罪，忠臣置之（置通值，面對）。」是説當大臣的苦惱，常處於兩罪之間。在位不忠心耿直，就是失職而有罪；忠心耿直，就要觸犯人主和羣臣，那會因觸犯而有罪。失職的罪，奸臣聽任它；不失職而獲罪，忠臣面對它。他在政體篇中把人臣區別爲「治世之臣」和「衰世之臣」説：「治世之臣所貴乎順者三，一曰心順（不違心），二曰職順（不瀆職），三曰道順（不背道義）。衰世之臣所貴乎順者三，一曰體順（舉止恭順人主），二曰辭順（説話奉承上面），三曰事順（辦事順從上意）。治世之順，真順也。衰世之順，生逆也（滋長奸逆不忠）。」在雜言上篇他再次説：「違上順道謂之忠臣，違道順上謂之諛臣。忠所以爲上也，諛所以自爲也。忠臣安於心，諛臣安於身。」忠臣爲了順從道義和人主頂撞，拍馬屁的爲了順從人主而違背道義。忠臣其實是真爲人主着想，所以心安無愧。拍馬屁的其實是爲自己，但求身安。在君主制

時代，所謂「爲上」、「爲君」，就意味着爲公、爲國。如果説在[荀悦]所處的[後]漢晚期，

他心所嚮往的克己爲公、重民勝於重己的君主只是幻想，那麼爲公、爲國的臣子也

只能停留在理想的層面。

本書第二篇爲時事，談當時的時務，共二十一條。首二條是總論，其餘十九條

分論各種問題。[荀悦]借商王[盤庚]遷都殷這件事説起。[盤庚]有遠見，爲了革除舊都

的奢靡風氣，決定遷都到[殷]，實行節儉治國。[荀悦]認爲這是古今通用的「尚知貴敦」

之法。「尚知貴敦」就是要明理和務實。他説：「不求無益之物，不蓄難得之貨，節

華麗之飾，退利進之路（利進，謀利謀官），則民俗清矣。簡小忌（摒棄無謂的禁忌），

去淫祀（取消違禮的濫祀），絕奇怪（禁止做反常的事情），則妖僞息矣（妖異詭詐的

現象就消失）。致精誠（盡己之誠意），求諸己（求自身端正），正大事（正，治理），則

神明應矣（神就報應祥瑞）。放邪説（放，捨棄），去淫智（心思不用於旁門左道），抑

百家，崇聖典，則道義定矣。去浮華，舉功實（幹實事），絕末伎（禁工商），同本務

（專一務農），則事業脩矣（脩，治理好）。這其中，「簡小忌」、「去淫祀」、「放邪說」、「去淫智」、「抑百家」、「崇聖典」都屬於「尚知」；「不求無益之物」、「不蓄難得之貨」、「節華麗之飾」、「去浮華」、「舉功實」、「絕末伎」、「同本務」都屬於「貴敦」。其餘十九條中，如第六條「刑德並用」，說教化與刑法的施行應該由簡略逐漸做到嚴密，讓人們有個適應過程，不能操之過急；第十六條「至德要道」，說道的要旨雖精約，須通過博學才能通曉，博學是方法，博學才能歸納道的要旨。這些都是談理論，而非有關時務的具體措施。又如第十三條「月正聽朝」（恢復正月元日天子大朝受賀之禮），第十四條「崇內教」（重視對後宮婦女的教育），第十九條「復外內之記」（恢復史官之職，記載天子言行及朝廷內事），也都是儒家常談，雖意在「申鑒」，實爲不急之務。

十九條中，針對實際問題的，可舉出下列各條：

一、議富豪土地兼併。第九條「議專地」，他說：「諸侯不專封。富人名田踰限，富豪名下的土地無限富過公侯，是自封也。大夫不專地。人賣買由已，是專地也。」富豪名下的土地無限制，富過王公諸侯，等於自封爲王侯了。人們擅自買賣土地，那就專有土地權了。

這是古代諸侯、卿大夫都不能做的事。那麼可否恢復井田制以限制兼併呢？他回

答：「否。專地非古也，井田非今也。」認爲佔地逾制、土地買賣自由雖不合古制，但

井田制也不是現在能實行的。「井田」相傳是周代建立的制度，每九百畝的耕地劃

分成「井」字形九塊，中央一塊百畝爲公田，四周八塊各百畝爲私田，就是均田制。

土地如此整齊劃一，實際在周代也未必能嚴格施行，而秦代早就廢除，到了後漢末

季再來恢復井田制，不現實。（其實前漢末王莽稱帝，就搞過「王田」，即井田制，他以

失敗告終。）那怎麼辦？他說：「耕而勿有，以俟制度可也。」意思是先使耕地者沒

有土地所有權，然後等待制定法度以限制佔田。無地權即禁止買賣土地，先防止兼

併進一步嚴重。但他沒有説限制佔田的具體辦法，只是説「以俟制度」。與荀悅同

時的仲長統就建議恢復井田制（見昌言損益篇），但不是指收回富豪已佔有的土地，

而是針對新開墾的土地，將土地歸爲國有，平均分給失地農民，以防新一輪兼併。

荀悅雖認爲實行井田制「非今」，但他其實也拿不出什麼更好的具體辦法，總不見得

定個限田規定，讓富豪把多佔的田地讓出來？所以後來他編著《漢紀》，自己說：「井田之法，宜以口數占田，爲立科限，民得耕種，不得買賣，以贍民弱，且爲制度張本，不亦宜乎？雖古今異制，損益隨時，然紀綱大略，其致一也。」認爲儘古今制度不同，因時增減，不能依樣畫葫蘆照搬井田制，但井田規定以丁口占田，這個道理古今是一致的。看來他的思路沒有走出井田制這個範圍。

二、議對官吏的考核和升降。第一條「明考試」和第二條「公卿不拘爲郡，二千石不拘爲縣」，他說「以茲舉者，試其事，處斯職者，考其績」。由什麼事被薦舉，就查驗那事是否屬實。任什麼職位，就考察那個職位的成績。他認爲任職大小要看能力，不能同官階大小等同，說：「公卿不爲郡，二千石不爲縣，未是也。」如果身爲公卿就不能降階用爲郡守，身爲郡守就不能降階用爲縣令，是不對的。他說「小能其職，以極登於大，故下位競。大橈其任，以墜於下，故上位慎」，官位低的勝任職務，就升用高職，那麼在下位的就會競相勉勵職務；官位高的亂了職務，就降用低職，那麼在上位的就慎重奉行職務了。

三、議官吏的俸祿。漢代俸祿薄，與荀悅同時代的仲長統或稍前的崔寔都談到，認爲應提高俸祿以防止官吏貪污瀆職。荀悅在第八條「議祿」中也説「夫祿必稱位」，「公祿貶則私利生，私利生則廉者匱而貪者豐也。夫豐貪、生私、匱廉、貶公，是亂也」。認爲官俸必須與官職相稱（指當時俸祿太低），公家的俸錢低了就會起貪私利之心，那麼就造成廉潔者匱乏而貪婪者富有，公俸低、私心生、廉吏貧、貪官富，那就亂了套。但荀悅認爲提高俸祿有個前提，説「民家財愈（愈通衍，富饒），增之宜矣」，因爲「禄依食，食依民，參相澹（俸祿多少要依據糧食豐寡，糧食豐寡要依據百姓貧富，互相依賴滿足）」，而眼下民貧，自然不宜提高俸祿。怎麼辦呢？他説：「必也正貪禄，省閑冗，與時消息，昭惠恤下，損益以度可也。」即一定要整治污吏，裁減閑官，因時所宜設立官職，體恤百姓，審時度勢以調整俸祿。荀悅看到，在當時情況下，僅提出增加俸祿是做不到的。先得整頓官吏制度，要體恤百姓，百姓衣食足了，才能根據情勢解決俸祿問題。在這一點上，他的認識比仲長統、崔寔要清醒。

四、議恢復使用五銖錢。東漢獻帝初董卓作亂，廢除通行已久的五銖錢（銖爲重量單位，二十四銖爲一兩），濫造劣質小錢，遂引起物價騰漲，所以荀悅在第十條「議錢貨」中主張恢復五銖錢。後來曹操恢復使用，而五銖錢自魏明帝起，一直到晉沿用未改。可知荀悅的主張是正確的，五銖錢便於民用，促進經濟發展。

五、議州牧割據。第四條「議州牧」，他説：「今郡縣無常（無常，謂郡縣之職非世襲，時時可罷免），權輕不固，而州牧秉其權重，勢異於古（州牧有統治各郡實權，不像古代諸侯之長不管各諸侯國政事），非所以强榦弱枝也（意思是非所以加强地方行政，治民的本末顛倒了），而無益治民之實。」漢制，地方行政機構基本爲郡、縣二級。州是督察單位，本不治理民政。州牧（州長，亦即刺史）前身是監御史，負責巡查各郡。武帝時置州刺史，始設立州治所，但也只有督察州内各郡之權，俸禄比郡守低得多。成帝時改爲州牧，俸禄從六百石提升到二千石，權力始大。由靈帝延至獻帝，州牧之權擴大到統管一方軍政民事，勢同割據，而原來的郡縣行政機構日益權輕。所以荀悅認爲這是弱化了地方行政，不利於治民。他雖然提出「監察御史斯可也」，認爲設立監察御史比設立州牧好，但取消州牧實際已非獻帝朝廷力所能及。

本書第三篇爲俗嫌，議當時社會上各種嫌忌和求神祈福、迷戀道教養生煉丹的風氣，大致可以歸納爲二類：

一、求神問卦。荀悅認爲，占卜的吉凶在於有「德」與否。他說「德斯益，否斯損」，有德者占卜受益，無德者反而有損。因爲有德的人「吉而濟，凶而救之，謂益」，遇到吉卜吉卦，則自己努力，助成吉事；遇到凶卜凶卦，則自己糾過，制止凶事，所以受益於占卜。無德的人「吉而恃，凶而怠之，謂損」，遇到吉卜吉卦就依賴它，遇到凶卜凶卦就懶於對待，所以占卜反而有損。就是說，占卜的吉凶也有待人事，自己不努力，則吉不會有驗而凶不會制止。他不相信有關時辰、方向等各種忌諱，說「此天地之數也（天地運行的自然之理），非吉凶所生也」。他舉例說：「東方主生，死者不鮮（鮮，少）；西方主殺，生者不寡；南方火也，居之不燋（燋，火傷）；北方水也，蹈之不沈。」又說：「故甲子昧爽，殷滅周興；咸陽之地，秦亡漢隆。」同一個甲子日

的黎明，殷商滅而周代興起，同一個咸陽之地，秦建都而亡，漢遷都卻強盛。這同

他説的吉凶有待人事（所謂有「德」），觀點一致。這個觀點，從他下面説的也可看

到：「人承天地，故動靜焉順。順其陰陽（陰陽，這裏指季節變化），順其日辰，順其

度數（指日月星運行度數）。内有順實，外有順文（文，指形象）。文、實順，理也，休

徵之符自然應也。」人稟受天地之氣而生，所以行事乃順着天地之理，順着季節變

化、時間和日月運行的度數來做事。内心順天地之理，外在行爲就有順的表現。内

外都順，事情就合理，吉祥之徵兆自然應驗。他説：「苟無其實，徼福於忌，斯成難

也（成通誠）。」人沒有順天地之理的實心，想求福以避開惡運，那真難了。當然，他

相信「天人相應」，所以不否定占卜和上天報應，但強調要盡人事。

二、修煉道術。道教是後漢時產生的宗教信仰團體，有它的教義、科儀和方術。

荀悦以儒家的觀點批評道教的養生術和煉丹，二者風行於後漢。他説「養性秉中和

（養性，指養生），守之以生而已」，養生不過是秉持中和之道，守之以生存而已。所

謂「中和」，就是施行儒家中庸之道以養生，使七情六慾適中，達到血氣和調。所以

他說：「故喜怒、哀樂、思慮必得其中，所以養神也。寒暄、虛盈、消息必得其中（衣服、飲食、勞逸要適度），所以養體也。」對於道家養生之術，他認為是「氣宜宣而遏之（遏，阻止），體宜調而矯之（矯，使反常），神宜平而抑之，必有失和者矣。」道家講究呼吸聚氣，這是「氣宜宣而遏之」；講究屈伸肢體做非自然動作，這是「體宜調而矯之」；講究閉目靜心，使意念隔絕外界，這是「神宜平而抑之」，他以為這些都使氣息、肢體、精神失調，有違中和之道，「可以治疾，皆非養性之聖術也」。道家服食丹藥以求長生，他說：「藥者，療也，所以治疾也。無疾，則勿藥可也。肉不勝食氣（氣同餼），況於藥乎？」藥是治病的，無病不用藥，吃肉還不能多於吃米飯，何況吃藥？又說：「藥之用也，唯適其宜則不為害。若已氣平也，則必有傷。唯鍼火亦如之。」用藥得當則無害，如果血氣已經平和，再用則必傷害身體。即如用針灸，道理一樣。道家又有所謂「黃白」術，即以藥物化煉丹砂、鉛等為金銀，荀悅認為這是不可能的，說：「燔埴為瓦則可，爍瓦為銅則不可。以自然驗於不然，詭哉。」可以燒黏土為瓦，不可熔土為銅。意思是土和瓦同類，是自然之事；土和銅不同類，是不然之事。以自然之事去證明不然之事，是詐言不實。

孔子説「性相近也，習相遠也」（論語陽貨），認爲人性本來沒有什麼不同，之所以有不同，是習染造成的。這實際已經區別了人性的先天自然和後天表現，孔子對人性的表述很能提綱挈領。既然人性「相近」，大家的天性原本都一樣，那麼就無所謂善與惡。自孟子提出人性本善，荀子提出人性本惡，從戰國到漢代，一直延續到唐宋以後，對人性的討論無了無休，有贊成性善説的，有贊成性惡説的，也有説人性善惡相混的，紛紛不一。這些説法的共同前提都是：把人性的後天表現，根據特定的社會倫理判斷爲「善」與「惡」，用來解釋人性的先天自然。也就是説，根據人性的後天表現，來判斷人性的先天自然。荀悦不贊成這些説法，在雜言下篇他先引諸家之説，然後駁斥道：「性善則無四凶，性惡則無三仁。人無善惡（「人」當作「性」），文王之教一也，則無周公、管、蔡。性善情惡，是桀紂無性而堯舜無情也。性善惡皆渾，是上智懷惠（「惠」當作「惡」）而下愚挾善也。」他認爲，如果説人性善，那麼堯舜時代就不會有共工等四個凶人；如果說人性惡，那麼商紂時代就不會有微子等三個仁人；說人性無善惡，那麼同樣是文王的教化，周公和管叔、蔡叔兄弟三人就不會善惡不同；說人性善而人的情感惡，那麼桀紂就沒有性，而堯舜就沒有情了；說人性是善惡互相混在一起，那麼上智的人就心中懷惡，而下愚的人就心中帶善了。荀悅的批判仍然沒有區分人性的先天與後天，因而浮在「善」、「惡」的抽象概念之層面。而且他的駁斥也顯得膚淺，比如孟子主張性本善，荀子主張性本惡，但最終成爲善人或惡人，他們都認爲是有前提的，不等於說堯舜時不會有惡人，而商紂時不會有善人。

針對「性善情惡」論，漢代劉向提出「性情相應，性不獨善，情不獨惡」，認爲人性和人的情感是互相應合的，不是只有性善而情則惡。荀悅同意這個說法，他在雜言下篇說：「好惡者性之取舍也（舍同捨），實見於外，故謂之情，必本乎性矣。」人的愛好和憎惡取決於性，實際表露出來就叫情，就是說情感是人性的外在表現。所以，有人說凡人都是好利的，而能以仁義加以節制，那是性拒絕情，如果性不能拒絕情，任情行事，人就不善。荀悅回答說：「不然。是善惡有多少也，非情也。有人於此，嗜酒嗜肉，肉勝則食焉，酒勝則飲焉。此二者相與爭，勝者行矣，非情欲得酒、性欲得肉也。有人於此，好利好義，義勝則義取焉，利勝則利取焉。此二者相與爭，勝者行矣，非情欲得利、性欲得義也。其可兼者則兼取之，其不可兼者則隻取重焉（隻，單獨）。若苟隻好而已，雖可兼取（盧文弨校此句下當脫「亦弗之兼」四字）矣。若二好鈞平，無分輕重，則一俯一仰，乍進乍退。」照他的說法，人性中的善與惡孰多孰少，人情就表現出來。人性好義勝過好利，人情就表現為取義，反之亦然，不是性獨好義而情好利。比如喝酒和吃肉，喜歡哪樣就做哪樣。如果義、利可以兼取，但性獨好其一，也不會兼取。如果性於二者兼好，而無法兼取，就會取捨猶豫，進退兩難了。

荀悅既然認為情的善與惡是性中善與惡的外在表現，那麼等於認為人性中有善也有惡，這同他駁斥「性善惡渾」論有些自相矛盾。但他說「性善惡皆渾，是上智懷惠（「惠」當作「惡」）而下愚挾善也」，意思就是「上智」者性中有善無惡，「下愚」

者性中有惡無善，所以不能一概地説性是善惡相渾的。不過這樣替他「辯解」，還是顯得勉强，因爲「上智」與「下愚」只是兩個極端，同樣不能以二者概括中間的絕大多數人。但荀悦主張「教扶其善，法抑其惡」，認爲通過教化和刑法，絕大多數人都可以從善去惡。雜言下篇有一段答或問：「或曰：『善惡皆性也，則法教何施？』曰：『性雖善，待教而成；性雖惡，待法而消。唯上智下愚不移，其次善惡交争，於是教扶其善，法抑其惡。得施之九品，從教者半，畏刑者四分之三，其不移大數九分之一也。一分之中又有微移者矣。然則法教之於化民也，幾盡之矣。及法教之失也，其爲亂亦如之。』」「九品」是漢書古今人表劃分人善惡愚智的等級，從「上上」到「下下」共九等。荀悦認爲，「九品」中除了「上智」（「上上」）和「下愚」（「下下」）兩類人善、惡不變之外，其他多數人都是性中善惡相争的。通過教與法，有一半人可從教爲善，畏懼刑法而不敢爲惡者又占剩下人的四分之三，最終不可改的人大約只有九分之一。而這九分之一的人，又有稍微有些變化的在其中。所以他説，法與教幾乎可以馴化全民，而法與教如失誤，也幾乎可亂了全民。換句話説，國家的治亂

全看「法、教」這個「人事」做得如何。用他在政體篇說的話來總結，就是「故凡政之

大經，法、教而已」，成也法、教，敗也法、教。

宋蘇軾曾評論太玄、法言，說「好爲艱深之詞，以文淺易之，則人人

知之矣」（東坡全集七十五與謝民師推官書），是說揚雄好用難懂的文辭表達淺近的

道理，如果直說出來，則這道理本就人盡皆知的。蘇軾的評論頗得當。本書雜言

上、下明顯模仿法言，時事、俗嫌也多處模仿法言。用詞尚不算「艱深」，但卻「生

硬」，而且文句中的虛詞，以及對答雙方的「曰」字都往往省略，這會造成文意的含

混。宋黃震說申鑒「文亦頗卑弱」（黃氏日鈔五十七），所謂「卑弱」就是指文字表達

能力不強。此外，文句不通順以及上下文明顯不連貫之處也不少見，是脫誤和錯簡

造成的。所以黃省曾自序說：「若其深詞奧義，譌文脫簡，則竢大方君子覽而正

焉。」清錢培名校勘本書，利用羣書治要的引文訂正本書錯誤，其中脫文有多達百餘

字的，他說「若無治要一書，則申鑒不可讀矣」，可見今本與原本差異頗大。但治要

所引尚不及全書四分之一，唐宋類書等所引更少，大抵不出治要所引，且都有節略。所以儘管有黃省曾的注和清人的校勘成果可利用，本書的整理仍有相當難度。這部校補一定有不能令人滿意的地方，這不僅因受到上述各個客觀情況的制約，也由於校補者學識有限。清人盧文弨校補羣書，有人對他說「他人讀書，受書之益。子讀書，則書受子之益」，據說盧文弨爲此心情不快（見俞樾札迻序）。其實，正如俞樾説「欲使我受書之益，必先使書受我之益」，不明白書的文字沿誤，看不下去，受益於書就有限。我不僅希望讀者受益於此書，也希望此書因讀者而受益，則糾我之失，訂書之訛，俾進一步提高整理質量。

孫啓治　二〇一二年三月

凡例

一、申鑒有宋淳熙九年尤袤刻本，黃氏日鈔嘗引之，此本今不知所在。明正德十四年黃省曾曾爲之注，有王鏊序，未詳付梓否。今所見黃注本爲明嘉靖四年何孟春所刻，即四部叢刊所收之文始堂本也。其後有明程榮漢魏叢書本（本書簡稱程本）、清四庫全書本、王謨增訂漢魏叢書本（本書簡稱王本）、龍谿精舍叢書本。諸本大同而間有小異，王本則多刪汰注文，已非黃注本之舊。

二、本書以文始堂本爲底本，爲此校補。校者，校正文與黃注；補者，補黃注之闕也。其補則以釋正文爲主，非旨在爲黃注作疏。其校則據程本、四庫本、王本、龍谿精舍本，並後漢書荀悦傳、羣書治要等書。又清盧文弨羣書拾補有申鑒校二十餘條（本書稱盧校），錢培名有札記百餘條（附小萬卷樓叢書本申鑒後，本書稱錢校），孫詒讓札迻有校説二條（本書稱孫校），兹亦採入校補。

三、凡底本正文與黃注訛誤，其於諸本或諸書有徵可據，則改而於校補中著明所本，無徵可據者則僅於校補中正之。諸本或諸書間有異文，亦著於校補。

四、黃注引據博洽，兼考訂文字。其闕而不注，雖間存蓋闕之意，然大抵皆當時無須注者。今則去明六百餘年矣，今之讀漢代書，又異乎明人讀之。故凡注解古書，時代愈後而愈繁，此校補之所爲作也。使起黃氏於地下，則必曰：「子何爲是喋喋乎？」唯吾盡吾心，工拙在所不論。

五、底本諸序跋及王本之王謨識，並四庫全書總目提要統附於後，題曰「序跋提要」，是爲附錄一。前人引申鑒者，不過片言隻字，於其書多不加議論。唯宋黃震黃氏日鈔有論申鑒一則，元胡三省資治通鑑注亦論及申鑒，又明方孝孺遜志齋集有讀荀悅申鑒一則。茲以此三則附後，題曰「評論三則」，是爲附錄二。後漢書有荀悅傳，附見荀淑傳，今節抄悅行狀之文，略施注而附後，是爲附錄三。

六、錢氏校申鑒，多據治要補改，其於雜言上補奪文，至有一處而達百七十餘字者，甚而云「若無治要一書，則申鑒不可讀矣」，知今本殊非原書舊貌，而治要所引尚不及全書四之一也。著者學殖薄淺，其校其補不得黃氏正之，是有待今賢與後來者。

政體第一

夫道之本，仁義而已矣〔一〕。五典以經之，羣籍以緯之，詠之歌之，弦之舞之〔二〕。前鑒既明，後復申之〔三〕。故古之聖王，其於仁義也，申重而已〔四〕。篤序無疆，謂之「申鑒」〔五〕。

〔一〕錢校：羣書治要「本」上有「大」字。後漢書本傳無。校補：治要無「矣」字。

〔二〕校補：治要無「詠之歌之，弦之舞之」二句。五典即五經。白虎通五經：「五經何謂？謂易、尚書、詩、禮、春秋也。」「五典」四句，六「之」字並承上文指「仁義」言。經、緯皆動字，「五典以經之，羣籍以緯之」，倒言之即「經之以五典，緯之以羣籍」，謂以五典爲仁義之經，羣籍爲仁義之緯。凡爲布帛，織機之縱絲爲經，橫絲爲緯，見說文。織先施以縱絲，定幅之廣狹，復施以橫絲，經緯交錯以成織，故以經喻綱要，而緯爲輔翼也。「詠之歌之，弦之舞之」，謂詠歌蹈舞以稱頌仁義。

〔三〕校補：本傳「鑒」作「監」，通志一百一下引同。按監即「鑑」之初文，鑒爲「鑑」之別體。「前鑒既明，後復申之」，謂仁義之道，於前人往事可資借鑒者既明，後人乃復申述不忘。

〔四〕校補：治要「而已」作「無已」。「申重」，重讀直容切，謂反復申述仁義之前鑒。

〔五〕校補：治要「序」作「厚」。又程本、四庫本、治要「疆」並作「疆」。按疆借爲疆，無疆，猶言無止、不已。呂氏春秋孝行「朋友不篤」，高誘注：「篤，信也。」篤謂誠信。序同叙，國語晉語三韋昭注：「叙，述也。」「故古之聖王」五句，謂古之聖王，其於仁義再三申告而已。誠實申述之無止，故謂之「申鑒」。按此段爲悅闡明申鑒之所以作也。

聖漢統天，惟宗時亮，其功格宇宙〔一〕。粤有虎臣亂政〔二〕，時亦惟荒圮湮〔三〕，兹洪軌儀〔四〕。鑒于三代之典〔五〕，王允迪厥德〔六〕，功業有尚〔七〕。天道在爾，惟帝茂止〔八〕，陟降膚止〔九〕，萬國康止〔一〇〕。允出兹，斯行遠矣〔一一〕。

〔一〕校補：易乾：「象曰：大哉乾元，萬物資始，乃統天。」孔穎達疏：「乃統天者，以其至健而爲物始，以此乃能統領於天。天是有形之物，以其至健，能總統有形。」後稱天子治天下爲「統天」。後漢書寇榮傳「陛下統天理物」，三國志蜀書後主傳「蓋統天載物」，晉書慕容儁傳「太子有統天之重」，「統天」皆謂治天下。詩大雅公劉「君之宗之」，鄭玄箋：「宗，尊也。」爾雅釋詁：「時，是也。」又：「亮，信也。」舜典「惟時亮天功」，偽孔傳：「唯是乃能信立天下之功。」「時亮」即「時亮天功」之省言。禮記月令「風暴來格」，鄭玄注：「格，至也。」淮南子原道訓「紘宇宙而章三光」，高誘注：「四方上下曰宇，古往今來曰宙，以喻天地。」以上三句，謂漢統天下，惟尊尚信實興立天下之事功，其功業之大，達於天地古今。

〔二〕黃注：虎臣，漢興輔弼之臣，所與共成天功者。亂，治也。治亂謂之亂，猶治汙謂之汙也。」書泰誓曰：「予有亂臣十人。」校補：詩大雅常武：「進厥虎臣，闞如虓虎（按虎嘯曰虓）。」孔穎達疏：「即進而前其虎臣之將，闞然如虓怒之虎。」虎臣謂勇猛之將。按上文云「聖漢統天」，指光武中興漢室。此「虎臣」實指佐光武中興之鄧禹等雲臺二十八將。

〔三〕黃注：治荒曰荒。校補：說文土部：「圮，毀也。」又水部：「湮，沒也。」謂時亦惟整治兵戈後之圮壞湮沒。

〔四〕校補：經傳釋詞：「茲者，承上起下之詞。」按茲猶乃。爾雅釋詁：「洪，大也。」淮南子原道「是故聖人一度循軌」，高誘注：「軌，法也。」國語周語下「度之于軌儀」，韋昭注：「儀，法也。」「軌儀」複語，謂法度、規制。「茲洪軌儀」，謂乃大立國之禮法制度。

〔五〕校補：程本、四庫本「鑒」作「監」。

〔六〕黃注：迪，蹈也。校補：書皋陶謨「允迪厥德」，偽孔傳：「迪，蹈。厥，其也。其，古人也。言人君當信蹈行古人之德。」按此「允迪厥德」承上「鑒于三代之典」言，謂王借鑒於三代之典範，信實履行三代之德。

〔七〕 校補：「有」爲語助詞，例見經傳釋詞。此倒言之，言崇尚功業。

〔八〕 黃注：古茂、楙通用，勉也。 校補：爾雅釋詁：「茂，勉也。」「茂」古或作「楙」，與懋通，故有勉訓。小爾雅廣詁：「爾，汝也。」「止」爲語助，無實意，見經傳釋詞。下二「止」字同。二句謂天道在汝天子，惟當勉之也。

〔九〕 校補：「陟降厥止」，謂上天默佑汝天子而扶持之。漢書匡衡傳載衡說詩周頌閔予小子曰：「其詩曰：『念我皇祖，陟降廷止。』言成王常思祖考之業，而鬼神祐助其治也。」顏師古注：「言成王常念文王、武王之德，奉而行之，故鬼神上下臨其朝廷。」又郊祀志五下載博士師丹等說詩周頌敬之曰：「詩曰『毋曰高高在上，陟降厥士，日監在茲』，言天之日監王者之處也。」顏師古注：「陟，升也。士，事也。言無謂天之高而又高遠在上，而不加敬。天乃上下升降，日日監觀於此，視人之所爲者耳。」是漢人說詩「陟降」謂天之臨視、默佑。說詳朱熹楚辭辯證、馬瑞辰毛詩傳箋通釋。 膚，借爲扶，古音並隸魚部唇音字。玉篇手部：「扶，持也。」公羊傳『扶寸而合』。今公羊傳僖公三十一年「扶」作「膚」。

〔一〇〕 校補：爾雅釋詁：「康，安也。」又：「康，樂也。」

〔二〕校補：二句謂天子誠由此行之，則能行之廣遠矣。左傳襄公二十一年引夏書曰「允出兹，在

兹」，杜預注：「允，信也。信出於此，則善亦在此。」經傳釋詞：「斯，猶則也。」

立天之道曰陰與陽，立地之道曰柔與剛，立人之道曰仁與義〔一〕。陰陽以統其精

氣〔二〕，剛柔以品其羣形〔三〕，仁義以經其事業，是爲道也〔四〕。故凡政之大經，法、教

而已〔五〕。教者，陽之化也〔六〕；法者，陰之符也〔七〕。仁也者，慈此者也；義也者，宜

此者也；禮也者，履此者也；信也者，守此者也；智也者，知此者也〔八〕。是故好惡

以章之，喜怒以涖之，哀樂以恤之〔九〕。若乃二端不愆〔一〇〕，五德不離〔一一〕，六節不

悖〔一二〕，則三才允序，五事交備〔一三〕，百工惟釐，庶績咸熙〔一四〕。

〔一〕黃注：此引易繫辭文，以見人道惟在仁義，爲政者當申重之也。校補：按此爲説卦文。立，成

就。廣雅釋詁：「立，成也。」論語爲政「三十而立」，集解：「有所成也。」「立天之道曰陰與

陽」，謂成就天之道爲陰與陽。下二句解仿此。

〔二〕黃注：所謂在天成象。校補：易繫辭上「精氣爲物」，孔穎達疏：「云『精氣爲物』者，謂陰陽

精靈之氣，氤氳積聚而爲萬物也。」按「陰陽以統其精氣」，即以陰陽統其精氣，「其」指天言。

〔三〕黃注：所謂在地成形。校補：慧琳一切經音義二十七注：「品，類別也。」「其」指地言。剛者

陽，柔者陰。萬物稟陰陽之氣而生，成形於地，有剛柔之別，故曰以剛柔品別地之羣物。

〔四〕黃注：此三才之道所以立也。校補：「經其事業」，「其」指人言，謂以仁義經營人之事業。

〔五〕校補：左傳昭公二十五年：「禮，王之大經也。」孔穎達疏引服虔曰：「經，常也，常所當行。」大

經，常道。

〔六〕黃注：教者，德禮之謂。

〔七〕黃注：法者，政刑之謂。校補：德教乃順陽氣之化育，故曰「陽之化」。刑法乃應陰氣之肅殺，

故曰「陰之符」。

〔八〕校補：五「此」字，並承上文指教、法言。謂仁者，以慈愛行此教、法之謂；義者，爲此教、法得

宜之謂；禮者，履行此教、法之謂；信者，遵守此教、法之謂；智者，知此教、法之方之謂。

〔九〕校補：三「之」字亦承上教、法言。章同彰。善則好之而施教，不善則惡之而施法，好善而惡不

善者，所以表彰教、法之用，故曰「好惡以章之」。左傳昭公六年「涖之以彊」杜預注：「施之

於事爲涖。」孔穎達疏：「涖，謂有所施爲。」涖即施行之謂。行教則喜，施法則怒，故曰「喜怒以

涖之」。戰國策秦策五高誘注：「恤，顧。」「哀樂以恤之」，謂以哀樂之情顧念教、法。蓋念及

用教化，固以施教爲樂矣；念及用刑法，則以施法爲哀也。

〔一○〕黃注：二端者，教與法也。校補：「不慂」即無過失。說文心部：「慂，過也。」本義爲過越，引
申爲過失。

〔一一〕黃注：五德者，仁義禮智信也。

〔一二〕黃注：六節者，好惡喜怒哀樂也。校補：戰國策秦策三鮑彪注：「節，事也。」淮南子繆稱
「心治則百節皆安。」節謂事項，「六節」承上好惡喜怒哀樂六事言。

〔一三〕黃注：洪範「次二曰敬用五事，一曰貌，二曰言，三曰視，四曰聽，五曰思。」恭、從、明、聰、睿，
所謂交備也。校補：注「四曰聽」，「聽」原誤「聰」，據程本、四庫本、龍谿精舍本改，與書洪範
合。孝經三才邢昺疏：「天地謂之二儀，兼人謂之三才。」說文儿部：「允，信也。」此「允」爲副
詞，猶言誠然。爾雅釋詁：「順，敘也。」是敘亦順也。國語周語中「周旋序順」，序亦
謂順。又按黃注「五事」句所云「恭、從、明、聰、睿」者，亦見書洪範，云「貌曰恭，言曰從（僞孔
傳：是則可從），視曰明，聽曰聰，思曰睿」指人主修身所敬之五事。書禹貢「庶土交正」，僞孔
傳：「交，俱也。」「交備」言俱備。

〔一四〕黃注：堯典曰「允釐百工，庶績咸熙」，注曰：「工，官。釐，治。庶，衆。績，功。咸，皆。熙，

廣也。」

天作道，皇作極〔一〕，臣作輔，民作基〔二〕，制度以綱之，事業以紀之〔三〕。惟先喆王之政〔四〕，一曰承天，二曰正身，三曰任賢，四曰恤民，五曰明制，六曰立業。承天惟允，正身惟常〔五〕，任賢惟固，恤民惟勤，明制惟典，立業惟敦〔六〕，是謂政體也〔七〕。

〔一〕黃注：洪範「次五曰建用皇極」，又曰「惟皇作極」。極，中也。校補：書洪範云「次五曰建用皇極」，偽孔傳：「皇，大。極，中也。凡立事當用大中之道。」又曰「皇建其有極」，偽孔傳：「大立其有中。」又曰「惟皇作極」，偽孔傳：「惟天下皆大爲中正。」是皆訓皇爲大。然此文「皇」與「天」、「臣」、「民」並列，則皇不當訓大。皇謂王也。「皇作極」、「極」猶書君奭「作汝民極」、周禮天官冢宰「以爲民極」之「極」。極訓中，引申爲極則、準則。作，讀如書舜典「伯禹作司空」之「作」。爾雅釋言：「作，爲也。」上下四「作」字並訓「爲」。「皇作極」，猶言君爲民之準則。

〔二〕黃注：輔，助也。基，址也。謂臣工協棐，民心鞏固也。校補：言臣爲輔佐，民爲根基。

〔三〕錢校：原脱此（「制度以綱之，事業以紀之」）二句，據治要補。校補：按錢補是，今從之。「綱之」、「紀之」，綱、紀互文（禮記禮運孔穎達疏：「紀，綱紀也。」）。「之」指上文天、皇、臣、民四

者言，謂四者以制度、事業爲綱紀。下文接云先王之政「一曰承天」，承上「天作道」言；「二曰

正身」，承上「皇作極」言；「三曰任賢」，承上「臣作輔」言；「四曰恤民」，承上「民作基」言；

「五曰明制」，即承此「制度以綱之」言；「六曰立業」，即承此「事業以紀之」言。上下文相關

應，故知有此二句是也。

〔四〕黃注：古哲、喆通用。賓戲曰「聖喆之治」。校補：「惟先喆」，治要作一「先」字。

〔五〕校補：「承天惟允」，說文儿部：「允，信也。」謂承奉天命當誠信。「正身惟常」，謂修身當有

恒。上文曰「皇作極」，「作極」即正身。詩魯頌閟宮鄭玄箋：「常，守也。」常謂執守不移。治

要「常」作「恒」。按漢人避文帝諱，字改作「常」。治要成書初唐，故復爲「恒」。後唐穆宗、宋

真宗並諱「恒」，故經傳字又多改爲「常」。所謂久假不歸，後人慣用「常」而鮮用「恒」，並經傳

亦多改爲「常」，「常」本是今「裳」字也。

〔六〕校補：周禮天官大宰鄭玄注：「典，常也，經也，灋也。」「明制惟典」，謂使制度宣明，惟當合於

正道常法。爾雅釋詁：「敦，勉也。」

〔七〕校補：體謂大體、綱要。後漢書孔融傳「至於國體」，李賢注：「體，謂爲國之大體也。」

致治之術〔一〕，先屏四患，乃崇五政。一曰僞，二曰私，三曰放〔二〕，四曰奢。僞亂

俗，私壞法，放越軌，奢敗制。四者不除，則政末由行矣〔三〕。俗亂則道荒，雖天地不

得保其性矣〔四〕；法壞則世傾，雖人主不得守其度矣；軌越則禮亡，雖聖人不得全其

道矣〔五〕；制敗則欲肆，雖四表不能充其求矣〔六〕。是謂四患〔七〕。興農桑以養其

生〔八〕，審好惡以正其俗〔九〕，宣文教以章其化，立武備以秉其威〔一〇〕，明賞罰以統其

法〔一一〕，是謂五政。

〔一〕黃注：按漢書（治）作「政」字。校補：按凡注云「漢書」作某，並謂後漢書。後漢書「治」作「政」者，乃唐人避諱所改。仲長統傳引昌言理亂篇「政亂從此周復」，資治通鑑六十五引「政」作「治」，亦其例。下文「而成王治」，後漢書「治」作「化」，亦避唐諱。又按唐人避諱，始開缺筆之例，故典籍文字可少所更易，此實爲後世避諱立一良法。然遵之不嚴，如避高宗諱「治」改爲「理」，爲「化」，此常例；又改爲「政」，爲「持」，此變例也。參陳垣史諱舉例。

〔二〕校補：文選與山巨源絕交書「重增其放」，李善注：「放，謂放蕩。」

〔三〕錢校：治要「末」作「無」。黃注：按漢書「矣」下有「夫」字。校補：按有「夫」字則當屬下讀。

〔四〕黃注：所謂「天生烝民，其命匪諶，靡不有初，鮮克有終」者也。校補：廣雅釋詁：「性，質也。」春秋繁露深察名號：「性者，質也。」謂俗亂則道亦荒失，道荒失則雖天地亦不能保道之本常

也。「其」承上句「道」言。下文「法壞則世傾，雖人主不得守其度矣」，軌越則禮亡，雖聖人不

得全其道矣」，制敗則欲肆，雖四表不能充其求矣」，三「其」字分別指「世」、「禮」、「欲」言，上下

文例一貫。黃注引詩大雅蕩「天生烝民，其命匪諶」云云，彼詩謂王者教民無方，致使民不能終

其善而從惡，引之以解此文，似未是。

〔五〕錢校：治要「道」作「行」。校補：荀子議兵「無道吾所疑」，楊倞注：「道，行也。」

〔六〕校補：後漢書本傳「能」作「得」。通志一百一下引同，與上文一律。以上六句，謂法敗壞則世傾，制度敗則

亂，雖人主不能守護世之法度；民越軌違制則禮墜亡，雖聖人不能保全禮之施行；制度敗則

人欲肆縱，雖四海不能滿足人欲之求也。周禮天官大府「充府庫」，鄭玄注：「充，猶足也。」

〔七〕黃注：此僞、私、放、奢所以為患而當先屏也。按當時如董卓鳴鐘鼓如洛，以逐君側之惡為名，

而實有異志。後則劫帝長安，欲事成雄據天下，僞莫有甚焉者。卓以嚴刑脅衆，睚眦之隙必

報，故當時法令苛刻，愛憎淫刑，更相被誣寃死，私莫有甚焉者。卓至西京，乘青蓋金華車，爪

畫兩轓，放莫有甚焉者。卓築郿塢高與長安城埒，積穀為三十年，儲珠玉錦綺奇玩雜物，皆山

崇卓積，奢莫有甚焉者。繼而催、汜擅政，曹操柄國，率由一軌，海內成風。故悅以為言。校

補：注「鳴鐘鼓如洛」，程本、四庫本「鐘」作「鍾」。按鐘為樂器，鍾為酒器，二字古亦相通。

〔八〕黃注：按〔生〕漢書作「性」字。校補：易觀九五「觀我生」，集解引虞翻曰：「生，謂生民。」

此「其」字於文無所承，按此謂國之「五政」，則「其」字當指國言，謂興農桑以養國之民。下文四「其」均指國言。

〔九〕校補：呂氏春秋順民「故凡舉事，必先審民心」，高誘注：「審，定也。」「審好惡」，謂審定民所當好、所當惡。民之好惡有定，則國之風俗得正。

〔一〇〕校補：章同彰。爾雅釋詁：「秉，執也。」秉其威，謂掌國之威勢。

〔一一〕校補：賞罰不明，則法無定準，故明賞罰，使國法統於一。

民不畏死，不可懼以罪〔一〕；民不樂生，不可勸以善〔二〕。雖使离布五教〔三〕，咎

繇作士〔四〕，政不行焉〔五〕。故在上者先豐民財以定其志，帝耕籍田，后桑蠶宮〔六〕，國

無遊民，野無荒業，財不虛用〔七〕，力不妄加，以周民事〔八〕，是謂養生〔九〕。

〔一〕黃注：老子曰：「民不畏死，奈何以死懼之。」

〔二〕錢校：「勸」字與上「懼」字相對。原譌作「觀」，據治要改，與本傳合。校補：按錢校是，資治

通鑑六十四、通志一百一下引亦作「勸」，今據改。

〔三〕校補：本傳「离」作「契」，通志一百一下引同。按人名之「契」，古或作「离」。廣韻入聲十七

薛「畢，殷祖也，或作偰、亦作契。」契爲舜之司徒官，掌教化。尚書舜典：「帝曰：契，百姓不

親，五品不遜（僞孔傳：五品謂五常。遜，順也），汝作司徒，敬敷五教，在寬（僞孔傳：布五常

之教，務在寬）。」

〔四〕校補：本傳「咎繇」作「皋陶」，通志一百一下引同。廣韻平聲六豪：「咎，皋陶，舜臣，古作咎

繇。」皋陶爲舜之理官，主治獄。尚書舜典：「帝曰皋陶，蠻夷猾夏（僞孔傳：猾，亂也。夏，華

夏），寇賊姦宄（僞孔傳：賊在外曰姦，在內曰宄），汝作士（僞孔傳：士，理官也）。」

〔五〕黃注：無死之畏，法何由施？無生之樂，教何由立？

〔六〕黃注：月令：「孟春之月，乃擇元辰，天子親載耒耜，措之于參保介之御間，帥三公、九卿、諸

侯、大夫躬耕帝籍。天子三推，三公五推，卿、諸侯九推。」又：「季春之月，后妃齋戒，親東鄉躬

桑。」祭義曰：「天子爲籍千畝，冕而朱紘，躬秉耒；諸侯爲籍百畝，冕而青紘，躬秉耒，以事天

地、山川、社稷、先古。以爲醴酪齊盛於是乎取之，敬之至也。」又：「古者天子、諸侯必有公桑

蠶室，近川而爲之，築宮仞有三尺，棘牆而外閉之。及大昕之朝，君皮弁素積，卜三宮之夫人、

世婦之吉者，使人蠶於室蠶，奉種浴于川，桑于公桑，風戾以食之。」至漢文帝，常詔開籍田，而

漢制皇后亦帥公卿諸侯夫人蠶。此所謂「興農桑」也。　校補：注「措之于參保介之御間」，阮元

校勘記謂段玉裁校依禮記正義本乙「之御」作「御之」。按孔穎達疏：「措之於參保介御之

間」者，措，置也；保介，車右也；御者，御車之人。車右及御人皆是王參乘。於時天子在左，

御者在中，車右在右。言置此未器於參乘保介及御者之間。」此段改所本。唯據鄭玄注云「保

介，車右也。置未於車右與御者之間」，是解「保介之御間」爲「車右與御者之間」，乃釋「之御」

之「之」爲「與」也。按古書「之」用同「與」，例多不勝枚舉，參經傳釋詞。段乙改「之御」爲「御

之」未必是，今不據改。「先豐民財以定其志」，孟子梁惠王上所謂「民無恒產，因無恒心」也。

民衣食足，而後心志始安定。「籍田」，官家徵用民力耕種之田。史記孝文本紀「農，天下之本，

其開籍田，朕親率耕」，集解引韋昭曰：「籍，借也，借民力以治之。」「桑蠶宮」，桑爲動字，飼

蠶也。

〔七〕黃注：按（「虛」）漢書作「賈」字。校補：字作「賈」，義未詳。後漢書本傳李賢注：「言自足

也。」則似讀「賈」爲假借之「假」，古音皆屬魚部見紐字。

〔八〕校補：楚辭離騷「雖不周於今之人兮」，王逸注：「周，合也。」「以周民事」，謂合民事之所宜

也。本書時事篇「即周時務」，周亦謂適合。民事，指農桑。

〔九〕黃注：此政之當崇者一也。

君子之所以動天地，應神明，正萬物，而成王治者〔一〕，必本乎真實而已〔二〕。故在上者審則儀道，以定好惡〔三〕。善惡要於功罪〔四〕，毀譽效於準驗〔五〕，聽言責事，舉名察實〔六〕，無或詐偽以蕩衆心〔七〕。故事無不覈〔八〕，物無不切〔九〕，善無不顯〔一〇〕，惡無不彰〔一一〕，俗無姦怪，民無淫風〔一二〕。百姓上下睹利害之存乎己也，故肅恭其心，慎脩其行，內不忒惑〔一三〕，外無異望〔一四〕，有罪惡者無徼倖〔一五〕，無罪過者不憂懼〔一六〕，請謁無所聽〔一七〕，財賂無所用，則民志平矣〔一八〕。是謂正俗〔一九〕。

〔一〕黃注：按〔（治）〕漢書作「化」字。校補：動，感動。淮南子說山「同氣相動」，高誘注：「動，感。」「應神明」，謂使神明應人而降祥瑞。

〔二〕錢校：本傳作「必乎真定而已」。「定」疑「實」之譌。校補：按「實」或作「寔」，遂誤爲「定」。

〔三〕黃注：按漢書作「審定好醜焉」。校補：在上者執所當好，執所當惡，皆依於法則、道理以決之。當審度法則，準據道理，以定好惡，故曰「審則儀道，以定好惡」。國語周語下曰「儀之于民，而度之于羣生」，又曰「不度民神之義，不儀生物之則」，韋昭注並云：「儀，準也。」按「儀」與「度」並舉，是儀亦度也，準也。

〔四〕黃注：〔（於）〕一作「乎」。校補：要，察核也。書多方「要囚」，偽孔傳：「要察囚情。」周禮秋官鄉士賈公彥疏：「要，劾實也。」凡善惡必察核其功罪而定，故曰「善惡要於功罪」。

〔五〕校補：治要「效」作「放」。按放、仿古通用，依也，義亦通。楚辭九章懷沙王逸注：「效，猶斅也。」效謂考核，與上句「要」互文。準驗，謂事之驗證準信者。凡所稱譽、詆毀，必考其已驗實之事，故曰「毀譽效於準驗」。

〔六〕黃注：功罪準驗事實之謂也。校補：説文貝部：「責，求也。」謂聽其言，則責求其事與所言相當否，稱其名，則察驗其實與所名相符否。

〔七〕錢校：本傳「或」作「惑」。治要（「無或詐偽」）作「無或淫巧」。校補：資治通鑑六十四引亦作「無或詐偽以蕩衆心」。經傳釋詞：「或，猶有也。」胡三省注云：「蕩，謂動之也。以詐偽動之，則人之心亦必動於詐偽以應其上。」

〔八〕錢校：治要「覈」作「核」，通。

〔九〕黃注：按（「切」）漢書作「功」字。校補：治要亦作「功」。按史記老莊申韓列傳「切事情，明是非」，切謂切合、切實。「物」與上句「事」互文，物亦事也。二句猶言事無不稽核切實。作「切」自可通。

〔一〇〕黃注：功得其跡也。

〔二〕黃注：罪得其情也。錢校：本傳「彰」作「章」，通。

〔三〕黃注：淫，過無節也。伊訓曰：「敢有殉于貨色，恒于遊畋，時謂淫風。」

〔三〕黃注：按（「忒」）漢書作「回」字。校補：書洪範釋文引馬融注：「忒，惡也。」字通作「慝」。廣雅釋詁：「回，衺（按衺同邪）也。」忒、回義同。

〔四〕校補：治要無以上二句。內指心，外指行。異望，非分之念也。

〔五〕錢校：原作「慮其睯去徵倖」，文不成義，今據治要改。校補：按錢校是，今從改。

〔六〕錢校：原脫「者」字，據治要補。校補：今從錢校據治要補。又本傳無以上二句。

〔七〕黃注：（「聽」）一作「行」。校補：治要亦作「行」。戰國策秦策二「魏聽臣矣」，高誘注：「聽，從也。」

〔八〕校補：謂民心平和。

〔九〕黃注：此政之當崇者二也。

君子以情用，小人以刑用〔一〕。榮辱者，賞罰之精華也。故禮教榮辱以加君子，化其情也；桎梏鞭扑以加小人，化其形也〔二〕。君子不犯辱，況於刑乎〔三〕？小人不忌刑，況於辱乎〔四〕？若夫中人之倫，則刑禮兼焉〔五〕。教化之廢，推中人而墜於小人之域：，教化之行，引中人而納於君子之塗〔六〕。是謂章化〔七〕。

〔一〕黃注：（刑）俗本誤作「形」。校補：國語周語下云「實用人也」，韋昭注：「用人，猶治人也。」是韋解「用」爲「治」。荀子王霸「故用國者，信立而王」，議兵「故仁人用國曰明」，韓非子內儲說上「我死後，子必用鄭」，用皆當訓治。「君子以情用，小人以刑用」，謂治君子以情，治小人以刑。

〔三〕黃注：在手曰梏，在足曰桎。重者鞭以治之，輕者扑以撻之。扑，榎楚也。周禮掌囚：「凡囚者，上罪梏拳而桎，中罪桎梏，下罪梏。」滌狼氏：「誓大夫曰：敢不關鞭五百。」虞典曰：「鞭作官刑，扑作教刑。」校補：注「滌狼氏」，「滌」，四庫本作「條」，與周禮合。按周禮秋官杜子春注云：「條當爲滌器之滌。」「化其形也」原作「治其刑也」，據資治通鑑六十四、通鑑總類九下引改。本傳及通志一百一此句引作「化其刑也」。今按作「化」字是，非唐避諱。作「治」者，當是後人回改之誤。「刑」亦當作「形」。說文匕部：「化，教行也。」按化，變也。變化而從教訓，謂之化。教訓之使變化，亦謂之化。呂氏春秋士容高誘注：「化，教也。」形者，身也。荀子儒效楊倞注：「情，謂喜怒愛惡，外物所感者也。」本書雜言下亦云：「好惡者，性之取舍也（按舍同捨），實見於外，故謂之情。」君子明理，故治君子以情，所謂「禮教榮辱以加君子，化其情」者，即曉以禮教榮辱，教之以感其性情也。小人不明理，故治小人以刑，所謂「桎梏鞭扑以加小人，化其形也」者，即以刑施之其身，教之使其身從也。「化其情」、「化其形」二「其」字分指君子、小人言。若「化其刑」，則「其」字指何耶？「形」屬小人，非「刑」屬小人也。今本及本傳、治要「形」並作「刑」者，蓋後人見上文有「小人以刑用」，遂改此「形」作「刑」。又上文「小人以刑用」，黃注引一本「刑」作「形」者，又後人翻據下以改上也。

〔三〕黃注：刑不能以逮君子。

〔四〕黃注：辱不足以治小人。

〔五〕校補：說文人部：「倫，輩也。」謂中人之類則兼以刑法、禮教治之。以上二句，本傳無。

〔六〕黃注：塗，路也。

〔七〕黃注：此政之當崇者三也。校補：治要「章」作「彰」。章通彰。章化，彰明教化。

小人之情，緩則驕，驕則恣，恣則急，急則怨，怨則畔〔一〕，危則謀亂〔二〕，安則思欲，非威強無以懲之。故在上者必有武備以戒不虞〔三〕，以遏寇虐〔四〕，安居則寄之內政〔五〕，有事則用之軍旅。是謂秉威〔六〕。

〔一〕錢校：（「恣則急，急則怨，怨則畔」）本傳作「恣則怨，怨則叛」，治要作「急則叛」一句。校補：

畔通叛。按本篇後文云「孺子驅雞者，急則驚，緩則滯」，黃注引此文云：「悅之取喻，即其所謂

『小人之情，緩則驕，驕則恣；急則怨，怨則畔』爾。」是黃所見本原無中間「恣則急」一句。今

按無者是也。蓋言「緩則驕，驕則恣；急則怨，怨則畔」者，以「緩」與「急」對比言之。謂小人

之情，緩則生驕矜之心，驕生則恣其所欲；急則生怨恨之意，怨起則叛戾不軌。下文云「危則

謀亂」，即承「急則怨，怨則畔」言之，「急」亦「危」也，「畔」即「謀亂」也。云「安則思欲」，即承

「緩則驕，驕則恣」言之，「緩」亦「安」也，「恣」即「思欲」也。今本蓋後人不知此文以「緩則」二

句與「急則」二句對比，臆添「恣則急」一句，使五句首尾相連一貫，而原文對比之意晦矣。本

傳、治要所引亦互異，而文皆不順。賴黃注引之，得以正今本之誤。

〔二〕校補：治要「危」作「叛」。

〔三〕黃注：易曰：「君子以除戎器，戒不虞。」校補：爾雅釋言：「虞，度也。」虞謂料度、料想。詩大

雅抑「用戒不虞」，鄭玄箋：「用備不億度而至之事。」不虞謂意外之事。

〔四〕黃注：詩民勞曰：「式遏寇虐。」（「虐」）俗本誤作「虜」。校補：爾雅釋詁：「遏，止也。」淮南

子覽冥高誘注：「虐，害也。」

〔五〕黄注：國語：「桓公曰：『國安矣，吾欲從事於諸侯，其可乎？』管子對曰：『未可。君若正卒

伍、修甲兵，則大國亦將正卒伍、修甲兵，則難以速得志矣。君有攻伐之器，小國諸侯有守禦之

備，則難以速得志矣。君欲速得志於天下諸侯，則事可以隱，令可以寄政。』桓公曰：『為之若

何？』管子曰：『作內政而寄軍令焉。』」韋昭解曰：「內政，國政也。因治政以寄軍令，若有征

伐，隣國不知也。」校補：經傳釋詞：「之，猶於也。」謂寓軍於民。

〔六〕黄注：此政之當崇者四也。

則國治矣〔六〕。是謂統法〔七〕。

賞罰，政之柄也。明賞必罰，審信慎令〔一〕，賞以勸善，罰以懲惡。人主不妄賞，

非徒愛其財也，賞妄行則善不勸矣〔二〕。不妄罰，非徒慎其刑也〔三〕，罰妄行則惡不懲

矣。賞不勸謂之止善〔四〕，罰不懲謂之縱惡〔五〕。在上者能不止下為善，不縱下為惡，

〔一〕校補：明賞，公賞無私；必罰，罰必信也。墨子尚同中：「故古者聖王之為刑政賞譽也，甚明

察以審信（按以猶而）。」審信，慎而有信也。

〔二〕校補：說文力部：「勸，勉也。」謂妄賞則不能勉勵人為善。

〔三〕校補：「矜其人」原作「慎其刑」。黄注云：「漢書作『矜其人』。」錢校云：「（『非徒慎其刑

也』)治要作『非徒矜其人也』，本傳同，但無『徒』字。」今按云「不妄罰」，即謂當「慎其刑」。且

下文云「罰妄行則惡不懲矣」，正明所以當慎刑之故，則云「不妄罰，非徒慎其刑」，於意不順。

今據本傳、治要改。資治通鑑六十四、通志一百一下引亦作「矜其人」。詩小雅鴻雁毛傳：

「矜，憐也。」

〔七〕黃注：此政之當崇者五也。

〔六〕黃注：按(「則國治矣」)漢書作「國法立矣」。

〔五〕黃注：罰及吉人，則惡無所懲，而爲惡者縱矣。

〔四〕黃注：賞及淫人，則善無所勸，而爲善者止矣。

四患既蠲〔一〕，五政既立〔二〕，行之以誠，守之以固，簡而不怠，疏而不失〔三〕。無

爲爲之，使自施之；無事事之，使自交之〔四〕。不肅而成，不嚴而治〔五〕，垂拱

遜〔六〕，而海內平矣。是謂爲政之方也〔七〕。

〔一〕校補：廣雅釋詁：「蠲，除也。」

〔二〕黃注：(「既」)漢書作「又」。

〔三〕黃注：老子曰：「天網恢恢，踈而不失。」校補：「簡而不怠」，謂政教簡要而不懈怠；「疏而不

失」，謂法禁寬疏而不漏失。

〔四〕黃注：老子曰：「爲無爲，事無事。」錢校：治要「交」作「憂」。校補：按作「憂」亦通。憂通優，說文人部：「優，饒也。」老子五十七章所謂「我無事而民自富」是也。「無爲爲之」、「無事事之」二句互文，即用老子「爲無爲，事無事」之文。此段下文結句曰「是謂爲政之方也」，此「爲之」、「事之」之「之」即指政事。「使自施之」、「使自交之」二句指民言，謂使民自行施爲、交往。「施之」、「交之」之「之」並爲語助，無實意。四句謂爲政無爲、無事，使民自行作爲、來往也。老子五十七章「我無爲而民自化」、「我無事而民自富」，亦此意。所謂「無爲」，非謂都無所爲、無所事，謂順應自然，一切勿人爲干擾也。（此即後來法家一切準法循制、不以喜怒爲用之說所本。）按漢初崇黃老「無爲而治」，順應自然，與民休息。陸賈新語無爲云「夫道莫大於無爲」，又至德云「是以君子之爲治也，塊然若無事（按塊然猶安然），寂然若無聲，官府若無吏（按謂訟事少，官署清閑若無吏），亭落若無民（謂鄉民不聚衆生事，村落若無人）」，此前漢休息無爲之說。悦之言亦此意，唯言之於後漢季世，則徒爲空言耳。

〔五〕錢校：（「不肅而成，不嚴而治」）原作「不肅而治」一句，脫去中間四字，今據治要補，與本傳合。本傳「治」作「化」。校補：按錢補是，今從之。黃注校本傳下句同。本傳「治」作「化」，乃避唐人諱。蕭、嚴互文。

〔六〕黃注：按（遜）漢書作「讓」字。校補：治要亦作「讓」。後漢書章帝八王傳「垂拱受成」，李賢注：「垂拱，言無爲也。」漢書禮樂志：「揖讓而天下治者，禮樂之謂也。」揖遜同揖讓。「垂拱揖遜」，謂禮教行，無爲而治。

〔七〕校補：本傳、治要均無「也」字。按上下文各段末「是謂」云云各句，句末亦無「也」字。

是謂道實。

天道作中，以地道作和，以仁德作正，以事物作公，以身極作誠〔三〕，以變數作通〔三〕。以

惟修六則，以立道經〔二〕。一曰中，二曰和，三曰正，四曰公，五曰誠，六曰通。以

〔一〕校補：「修」原作闕文，據王本補。呂氏春秋先己「鐘鼓不修」，高誘注：「修，設。」國語周語中韋昭注：「修，備也。」「道經」道之常則。

〔二〕校補：以上五句及下句「以變數作通」「作」字並訓爲。書舜典「汝作司徒」，史記五帝本紀作「汝爲司徒」，作即爲也。「以身極作誠」，謂王以身正爲誠。前文云「皇作極」、「正身惟常」，「作極」即「正身」，此「身極」即身正也。

〔三〕黃注：易傳曰：「通其變。」又曰：「變則通。」校補：管子法法：「國無常經，民力必竭，數

也。」尹知章注：「數，理也。」吕氏春秋雍塞：「其寡不勝衆，數也。」高誘注：「數，道數也。」變數，謂事之異乎常道、常理者。「以變數作通」，謂以權宜適變作爲通達事務之方。按本書時事篇云「盤庚遷殷，革奢即約，化而裁之，與時消息，衆寡盈虛不常厥道」，又云「與時消息，昭惠恤下，損益以度可也」。所謂「化而裁之，與時消息，衆寡盈虛不常厥道」、「損益以度」，即變數之謂，詳彼篇校補。

惟恤十難，以任賢能〔一〕。一曰不知，二曰不進〔二〕，三曰不任〔三〕，四曰不終〔四〕，五曰以小怨棄大德，六曰以小過黜大功，七曰以小失掩大美〔五〕，八曰以姦訐傷忠正〔六〕，九曰以邪說亂正度〔七〕，十曰以讒嫉廢賢能〔八〕。是謂十難。十難不除，則賢臣不用，用臣不賢〔九〕，則國非其國也。

〔一〕黃注：周禮注：「賢謂有德行者，能謂有道藝者。」校補：說文心部：「恤，憂也。」

〔二〕黃注：有知而不能進者。錢校：治要「進」作「求」。校補：不進，謂不舉賢。治要作「不求」，則謂不求賢。

〔三〕黃注：有進而不能任者。校補：任，委用。

〔四〕黃注：有任而不能終者。校補：謂雖委用之，而半途廢之。

〔五〕錢校：治要「失」作「短」。校補：失、短義同，皆謂過失。

〔六〕錢校：治要「奸」作「干」，通。校補：按程本「奸」作「奸」。原文「奸」乃「姦」之別體。（古音姦、奸並元部見紐字，無二讀。「奸」即「姦」，乃加一聲符「干」，而去二「女」字耳。）按干犯、干求字亦作「奸」，奸淫、奸邪字則本作「姦」。作觸犯、求取解，則字作「奸」或「干」，亦假「姦」、「奸」爲之。作邪惡、淫污解，則字作「姦」或「奸」，亦假「奸」爲之，然古書於此義未見有假「干」爲之者。治要「干」字當是「奸」或「奸」之壞字，非因「干」可通「奸」，遂可假作姦邪字也。玉篇言部：「訐，攻人之陰私也。」奸訐，猶言誣謗。王本倒作「訐奸」，誤。

〔七〕校補：玉篇又部：「度，法度也。」正度即正法，謂公法、國法。

〔八〕黃注：賢能所以不進、不任、不終者，不過以小怨、小過、小失、奸訐、邪說、讒嫉數端妨之而已，故歷言之以足十難。

〔九〕錢校：治要作「賢臣不用」，與上句複，恐非。校補：按上句「則賢臣不用」，承上「十難不除」言。下句複言「賢臣不用」，則起下「則國非其國也」言，治要文亦可通。

惟察九風〔二〕，以定國常〔三〕。一曰治，二曰衰，三曰弱，四曰乖，五曰亂，六曰荒，七曰叛，八曰危，九曰亡。君臣親而有禮，百僚和而不同〔三〕，讓而不爭，勤而不怨，無事惟職是司〔四〕，此治國之風也〔五〕。禮俗不一〔六〕，位職不重〔七〕，庶人作議〔九〕，此衰國之風也。君好讓〔一〇〕，臣好逸，士好遊，民好流〔一二〕，此弱國之風也。君臣爭明〔一三〕，朝廷爭功，士大夫爭名，庶人爭利，此乖國之風也〔一三〕。上多欲，下多端，法不定，政多門〔一四〕，此亂國之風也。以侈爲博，以伉爲高，以濫爲通〔一五〕，遵禮謂之劾，守法謂之固〔一六〕，此荒國之風也〔一七〕。以苛爲密〔一八〕，以利爲公〔一九〕，以割下爲能〔二〇〕，以附上爲忠，此叛國之風也。上下相疏，内外相蒙〔二二〕，小臣爭寵，大臣爭權〔二三〕，此危國之風也。上不訪，下不諫〔二三〕，婦言用〔二四〕，私政行〔二五〕，此亡國之風也。故上必察乎國風也。

〔一〕錢校：治要「察」作「審」。校補：呂氏春秋音初高誘注：「風，俗。」

〔二〕校補：常，法也。國語越語下「無忘國常」，韋昭注：「常，舊法。」

〔三〕黃注：僚，官也。書皋陶謨曰：「百僚師師。」校補：論語子路「君子和而不同」，集解：「君子心和，然其所見各異，故曰不同。」

〔四〕黃注：皆言百僚。校補：無事，言無事他事。謂唯各司其職，不生事端也。

〔五〕黃注：如唐、虞、三代盛時，所謂治國之風。

威重。

〔六〕黃注：教化不治，不能大同。 校補：注「不治」，程本、四庫本作「不洽」。

〔七〕錢校：治要「位職」倒。 校補：重讀去聲。漢書陳勝傳顏師古注：「重，謂尊重也。」不重，無

〔八〕錢校：治要作「小臣咨度」。

〔九〕黃注：論語曰：「天下有道，則庶人不議。」校補：注引論語見季氏篇，集解引孔安國云：「無

所非議也。」邢昺疏：「議，謂謗訕。」文選兩都賦序李善注：「作，興也。」興起非議。

〔一〇〕黃注：（「讓」）一作「嫌」。 錢校：治要作「謙」。 校補：此言弱國之風，則「讓」當謂屈讓、忍

讓，不作責讓解。 治要作「謙」，與「讓」義相類。黃注引一本作「嫌」，嫌謂猜嫌，於義未洽。

〔一一〕黃注：萬民離散，不安其居，如水之流也。 校補：上句「士好遊」，遊謂遊樂放蕩。

〔一二〕錢校：「明」，原作「名」，與下「士大夫爭名」句複，今據治要改。 校補：按錢改是，今從之。〔四

庫本、王本亦作「明」。 爭明，猶言爭智。

〔一三〕校補：史記天官書：「三能色齊（按三能，三台六星），君臣和；不齊，爲乖戾。」乖即乖戾，謂牴

牾不和。 上文云「君臣爭明，朝廷爭功，士大夫爭名，庶人爭利」，是上下相爭不和，故曰「乖

〔四〕黃注：不統于一。校補：上多欲，故「法不定」；下多端，故「政多門」。注「不統于一」，原脫

〔五〕校補：侈泰近博富，而非博，以其逾制也。亢同抗，抗逆近高剛，而非高，以其矯情也。濫漫近通達，而非通，以其失度也。

〔六〕黃注：以遵禮者爲勞苦，以守法者爲執滯。校補：所以「以侈爲博，以亢爲高，以濫爲通」者，正緣不屑遵禮守法也。

〔七〕校補：書五子之歌僞孔傳：「迷亂曰荒。」

〔八〕黃注：苟，謂法令煩細。校補：治要「密」作「察」。周禮考工記廬人鄭玄注：「密，審也。」密謂審密、周密。

〔九〕校補：謂謀私利而視爲公事。

〔一〇〕校補：説文刀部：「割，剝也。」

〔一一〕黃注：互相欺蔽。錢校：治要「蒙」作「疑」。校補：「上下」指君與臣。「內外」，指朝廷與百姓。

〔二二〕黃注：當時如進、讓相謀、氾、催相鬭，皆爭權之類。

〔二三〕黃注：君無咨詢，臣無納忠。錢校：治要作「上不訪下，下不諫上」，優。校補：按云「上不訪」，則不詢下之義自明；云「下不諫」，則不諫上之義自明。似不必以治要文爲優。説文言部：「汎謀曰訪。」汎謀，廣詢於人也。

〔二四〕黃注：政由房闥。

〔二五〕校補：意林五「私」作「内」，義同，並指後宮。

惟慎庶獄，以昭人情〔一〕。天地之大德曰生〔二〕，萬物之大極曰死〔三〕。死者不可以生，刑者不可以復〔四〕。故先王之刑也，官師以成之〔五〕，棘槐以斷之〔六〕，情訊以寬之〔七〕，朝、市以共之〔八〕，矜哀以恤之〔九〕，刑斯斷，樂不舉〔一○〕，刑哉刑哉，其慎矣夫。

〔一〕校補：爾雅釋言：「庶，眾也。」國語周語中韋昭注：「獄，訟也。」人情即民情，唐諱避「民」字。凡斷獄當審慎，無罪則免，有罪則罰，冤屈則洗雪，姦凶必懲處，則民情得以剖白，故曰「以昭人情」。

〔二〕黃注：易繫辭文。

〔三〕黃注：洪範：「六極，一曰凶短折。」校補：書洪範孔穎達疏：「六極，謂窮極惡事有六。」極，謂凶惡至極之事。凶、短、折指傷死夭折，爲「六極」之首，故曰「大極」。

〔四〕黃注：漢文帝十三年，齊大倉令淳于公有罪當刑，其少女緹縈上書，謂死者不可復生，刑者不可復屬，雖欲改過自新，其道無繇也。校補：注「淳于公」「于」原誤作「寸」，據程本、四庫本、王本、龍谿精舍本改。按刑，指殘傷肢體之肉刑，如斬足、割鼻是，故曰「刑者不可以復」。

〔五〕黃注：周禮鄉士、遂士、縣士、方士各職，聽于朝，司寇聽之，斷其獄，弊其訟于朝。羣士司刑皆在，各麗其法以議獄訟。獄訟成，士師受中。所謂「官師以成之」也。校補：國語楚語上「位寧有官師之典」，韋昭注：「師，長也。」官師，吏之長。又晉語四韋注：「成，定也。」「官師以成之」，謂由官吏之長裁定獄案。黃注引周禮秋官鄉士諸職，謂鄉、遂等地方之吏以獄案呈報於朝，由司寇審而裁斷，其各治刑之有司皆以所掌之法參議之，及獄案已斷，乃由職掌刑獄之士師受理案卷，此即「官師以成之」之謂也。「成之」「之」承上句「先王之刑」言，指刑罰。下四句「之」字同。

〔六〕黃注：周禮：「朝士掌建邦外朝之法，左九棘，孤卿大夫位焉，羣士在其後。右九棘，公侯伯子男位焉，羣吏在其後。面三槐，三公位焉，州長衆庶在其後。左嘉石，平罷民焉。右肺石，達窮民焉。」又王制曰：「成獄辭，史以獄成告于正，正聽之。正以獄成告于大司寇，大司寇聽之棘

木之下。大司寇以獄之成告于王，王命三公參聽之。三公以獄之成告于王，王三宥，然後制

刑。」所謂「棘槐以斷之」也。校補：「棘槐以斷之」，謂由公卿共議斷案。即黃注引秋官朝士

職，所謂「左九棘，孤卿大夫位焉，羣士在其後；右九棘，公侯伯子男位焉，羣吏在其後；面三

槐，三公位焉，州長眾庶在其後（謂共議斷案時，九卿等分立於左右樹棘木之處，羣僚隨其後；

三公面向槐木而立，州長隨其後）」是也。

〔七〕黃注：周禮司刺：「掌三刺、三宥、三赦之法，以贊司寇聽獄訟。壹刺曰訊羣臣，再刺曰訊羣

吏，三刺曰訊萬民。壹宥曰不識，再宥曰過失，三宥曰遺忘。壹赦曰幼弱，再赦曰老耄，三赦曰

蠢愚。以此三法者求民情，斷民中，而施上服下服之罪，然後刑殺。」所謂「情訊以寬之」也。校

補：「情訊」，訊問民訟之情，倒言之耳。司刺掌三刺、三宥、三赦之法，訊問臣、吏、百姓，若有

不識法、過失而非故犯、忘法而誤犯者，則宥恕之。其幼弱、老耄、愚昧者，則赦免之。再問

案，斷案在寬，是「情訊以寬之」也。

〔八〕黃注：周禮：「掌囚，及刑殺，告刑于王，奉而適朝，士加明桎，以適市而刑殺之。」所謂「朝、市

以共之」也。校補：「朝市」，官與民也。謂官施刑於市井，是官民共覩刑罰。

〔九〕校補：謂以矜哀之心顧念用刑，下文所謂「刑斯斷，樂不舉」是也。

〔一〇〕黃注：施刑之日，則弛縣。校補：注「弛縣」，謂罷樂，見|周禮|春官|大司樂。「刑斯斷」，謂斷刑定案，「斯」爲語助。

惟稽五赦〔一〕，以綏民中〔二〕。凡先王之攸赦，必是族也。非是族，焉刑兹無赦〔八〕。一曰原心〔三〕，二曰明德〔四〕，三曰勸功〔五〕，四曰襃化〔六〕，五曰權計〔七〕。

〔一〕錢校：治要「稽」作「督」。校補：書堯典僞孔傳：「稽，考也。」

〔二〕校補：爾雅釋詁：「綏，安也。」淮南子說山「則中不平」高誘注：「中，心也。」「民中」即民心。

〔三〕黃注：心可矜也。校補：謂原本其犯罪之心，實可矜憐，故赦之。如報親仇之類是。

〔四〕黃注：德可釋也。校補：謂犯者實出於仁，故赦免之以彰明其德。論語里仁：「子曰：人之過也，各於其黨。」邢昺疏：「黨，類也。」言人之爲過也，君子、小人各於其類也。」「明德」即寬宥君子犯過咎之意。

〔五〕黃注：功可準也。校補：謂赦免犯者以勉勵其立功贖罪。説文力部：「勸，勉也。」

〔六〕黃注：化所關也。校補：謂犯者尚可教化，故赦之以光大教化。淮南子主術「一人被之而不襃」，高誘注：「襃，大。」

〔七〕黃注：權時之宜，非常典也。校補：五赦之中，唯「權計」爲一時之權宜，隨事而決，未具言其事。

〔八〕黃注：族，類也。即祭法「非此族也，不在祀典」之「族」。校補：詩大雅靈臺鄭玄注：「攸，所

也。」「必是族」，謂必在此五赦之類。「焉刑茲無赦」，經傳釋詞：「焉，猶乃也。」爾雅釋詁：

「茲，此也。」

天子有四時，朝以聽政，晝以訪問，夕以脩令，夜以安身〔一〕。上有師、傅〔二〕，下

有讜臣〔三〕，大則講業〔四〕，小則咨詢，不拒直辭，不恥下問，公私不慝，外內不二〔五〕。

是謂有交〔六〕。

〔一〕黃注：本公孫僑告叔向之言。杜氏曰：「聽政，聽國政也。訪問，問可否也。脩令，念所施

也。」校補：文見左傳昭公元年。「脩令」，脩同修，修整政令也。杜預注釋「脩令」爲「念所施」

者，謂夕則念所施政令，脩整其不足。

〔二〕黃注：成王作周官：「立太師、太傅、太保，茲惟三公，論道經邦，燮理陰陽。官不必備，惟其

人。少師、少傅、少保曰三孤，貳公弘化，寅亮天地，弼予一人。」班固曰：「三公蓋參天子，坐而

議政，無不總統，故不以一職爲官名。又立三少爲之副。」

〔三〕校補：四庫本「讜臣」作「諍臣」。按戰國策齊策三「孟嘗君讜坐，謂三先生曰：願聞先生有以

補文之闕者」，鮑彪注：「讌，合語也。」集韻去聲三十二霰：「讌，合語也。」讌謂坐而聚談。讌

臣指與天子聚議之近臣。

〔四〕校補：「則」原作「有」，黃注謂當作「則」，錢校據改。按王本亦作「則」，今據改。講業，謂侍臣

於御前講論經史學業，後世所謂「經筵」是也。

〔五〕校補：左傳昭公二十六年杜預注：「愆，失也。」「外內」本指朝廷與地方，此蓋指宮內外，謂君

臣上下也。「不二」謂同心。

〔六〕黃注：易曰：「上下交而其志同也。」校補：君無不咨詢，臣無不盡言，是上下心意交通，故曰

「有交」。

問：「明於治者其統近〔一〕。」「萬物之本在身，天下之本在家，治亂之本在左右，

內正立而四表定矣〔二〕。」

〔一〕黃注：〔近〕俗本誤作「迫」。校補：廣雅釋詁：「統，理也。」謂治理。近，謂自身及左右之

人。謂明於治國者，皆由治理自身及左右之人始。

〔二〕黃注：身脩家齊，而左右罔匪正人，則內正立矣。四表，四外，猶言四方也。四方定則國治，天

下平矣。校補：注「而左右罔匪正人」，程本、四庫本「匪」作「非」。匪同非。「內正」，正通政，

内政，指宮内之事務。

問：「通於道者其守約〔一〕。」「有一言而可常行者，恕也〔二〕。有一行而可常履者，正也。恕者，仁之術也〔三〕；正者，義之要也。至哉〔四〕，此謂道根，萬化存焉爾〔五〕。是謂不思而得，不爲而成，執之胷心之間，而功覆天下也〔六〕。」

〔一〕黃注：論語：「子貢問：『一言而可以終身行之者乎？』子曰：『其恕乎！』」校補：自「有一言」云云以下爲悅答或問，而省「曰」字。下文悅答或問之文亦多省「曰」。新書道術「以己度人謂之恕」，所謂「己所不欲，勿施於人」。

〔二〕黃注：孟子曰：「强恕而行，求仁莫近焉。」

〔三〕黃注：孟子曰：「守約而施博者，善道也。」

〔四〕錢校：治要作「至矣哉」。

〔五〕黃注：仁義而天下之理得矣。校補：「此」，承上文指恕與正。謂此二者即仁義，爲道之本，萬物賴以生存。漢書京房傳「則萬化成」，顏師古注：「萬化，一曰萬物之類也。」

〔六〕黃注：守約施博。校補：「不思而得，不爲而成」，謂自然得理、成事。「執之胷心之間，而功覆天下也」者，禮記曲禮上鄭玄注：「執，猶守也。」守此恕與正於心胸，則功遍及天下。

自天子達於庶人，好惡哀樂，其脩一也；豐約勞佚，各有其制〔二〕。上足以備禮，下足以備樂〔三〕，夫是謂大道。天下國家一體也，君爲元首，臣爲股肱〔三〕，民爲手足〔四〕。下有憂民，則上不盡樂；下有饑民，則上不備膳〔五〕；下有寒民，則上不具服〔六〕。徒跣而垂旒，非禮也〔七〕。故足寒傷心，民寒傷國〔八〕。

〔一〕黃注：言上下情無不同，其貴豐而逸、賤約而勞者，分殊爾。校補：「其脩一也」，「脩」當作「循」，字之誤也。爾雅釋詁：「循，從也。」漢書杜周傳顏師古注：「循，因也。」謂自天子至庶民，其好惡哀樂之情所由皆同。然尊卑有別，豐約、勞逸有等，各有其制，故曰「豐約勞佚各有制」。莊子天地「循于道之謂備」，釋文：「循，或作脩。」易繫辭下「德之脩也」，釋文：「脩，馬作循。」按六朝、唐人俗書，偏旁形近者多混用，從「彳」與從「亻」混寫無別，故「循」、「脩」形似易訛。一說脩、循一聲之轉，字通，實不然。脩、循雖皆齒頭音字，然幽、文二部相隔，似無由通轉。此實涉俗書形似而誤，讀六朝、唐人寫本者，類能知之。

〔二〕校補：謂上足以具禮制之需，下足以具樂生之給。

〔三〕黃注：書曰：「元首明哉，股肱良哉。」

〔四〕黃注：元首、股肱、手足，言一體。校補：注「言一體」程本、四庫本「言」作「爲」。

〔五〕校補：治要「饑」作「飢」，王本同。按飢餓字作「飢」，饑荒字作「饑」，古亦通用。此與下「寒

民」並舉，則於義當作「飢」。「不備膳」謂減膳。莊子徐無鬼成玄英疏：「備，具足也。」

〔六〕校補：法言重黎李軌注：「具，備有之也。」具即周備。「不具服」謂節省衣服。

〔七〕黃注：下民憂而上盡樂，下民饑而上備膳，下民寒而上具服，所謂徒跣而垂旒。校補：慧琳〔一

切經音義五十九：「徒跣，以脚踐土也。」旒同瑬。說文玉部：「瑬，垂玉也，冕飾。」徒跣而垂

旒，謂冠冕而裸其足。喻上自樂而無視下憂，忽忘立國之本也。

〔八〕錢校：治要「〔民〕寒」作「〔民〕憂」。校補：按自上「下有憂民」云云至此，治要在下文「治世

之臣所貴乎順者三」云云一段之後，與今本次序異。

問：「君以至美之道道民，民以至美之物養君〔一〕。」「君降其惠，民升其功〔二〕，

此無往不復，相報之義也。故太平備物，非極欲也；物損禮闕〔三〕，非謙約也，其數云

爾〔四〕。」

〔一〕黃注：美道，五典之類。美物，五穀之類。校補：「道民」之「道」通導。謂君以禮教導民，民以

衣食養君。

〔三〕校補：呂氏春秋孟夏「農乃升麥」，高誘注：「升，獻。」國語魯語下「蒸而獻功」，韋昭注：「冬

祭曰蒸。蒸而獻五穀布帛之屬。」按事有所成曰功，五穀布帛爲農功、女功所成，故謂之功。此

「升功」即謂獻五穀布帛，上文所謂「民以至美之物養君」是也。

〔三〕黃注：年凶殺禮。

〔四〕校補：國語周語中韋昭注：「備，藏也。」太平豐足之年，猶備藏財物者，非窮極奢欲。意謂防

荒歲匱乏。荒歲物乏之時，乃闕省禮樂者，非謙遜而儉約。意謂節財以卹荒也。「其數云爾」，

猶云其理如此。管子法法尹知章注：「數，理也。」「云爾」猶言如此，見助字辨略。

問人主。「有公賦無私求，有公用無私費，有公役無私使，有公賜無私惠，有公

制。私使則民撓擾而無節，是謂傷義〔四〕。私惠則下虛望而無準，是謂傷正〔五〕。私

怒無私怨。私求則下煩而無度，是謂傷清〔一〕。私費〔二〕則官耗〔三〕而無限，是謂傷

怨則下疑懼而不安，是謂傷德。」

〔一〕校補：「問人主」乃或問爲人主當如何。以下則爲悦答或問。「私求則下煩而無度」，本當云

「私求則無度而下煩」。蓋公賦有定制，私求則無定制，故曰「無度而下煩」。今云「下煩而無

度」，倒言之，變其文耳。下文「私費則官耗而無限」、「私使則民撓擾而無節」、「私惠則下虛望

而無準」，皆倒言之，本當作「私費則無限而官耗」、「私使則無節而民撓擾」、「私惠則無準而下

虛望」也。「傷清」，謂世不清平。

〔二〕黃注：費出無經。

〔三〕黃注：府庫空虛。

〔四〕黃注：義，謂使民之義。　校補：新書道德説：「義者，理也。」理所宜行謂之義，傷義即傷理。

〔五〕黃注：正，謂賜予之正。　校補：「虛望」，虛猶空也，徒也，見助字辨略。私惠行則偏私不公，賞不公則無準則，則下徒空望賞而已。「傷正」，正謂公正。

問：「善治民者治其性也。或曰治金而流，去火則剛；激水而升，舍之則降。惡乎治〔一〕？」曰：「不去其火則常流，激而不止則常升〔二〕。故大治之爐可使無剛〔三〕，踊水之機可使無降〔四〕。善立教者若茲，則終身治矣，故凡器可使與顏、冉同趨〔五〕。投百金於前，白刃加其身，雖巨跖弗敢掇也〔六〕。善立法者若茲，則終身不掇矣，故跖可使與伯夷同功〔七〕。」

〔一〕黃注：（惡）平聲。　校補：禮記檀弓下「吾惡乎用吾情」，鄭玄注：「惡乎，猶於何也。」按「惡乎」猶言如何。　説文水部：「激，水礙衺疾波也。」水受阻而騰湧曰激，阻水使之騰湧亦曰激。

〈孟子告子上〉：「〈水〉激而行之，可以在山。」激即阻水使漲溢也。按問者謂或曰治民之性如治

金使之溶化、阻水使之漲溢，去火、去阻，則金復剛而水復降。此喻民性一不治則復惡，問如何

治之。

〔二〕黃注：金流、水升，喻民治也。　校補：謂治民不可怠緩。

〔三〕黃注：說文曰：「冶，消也。」又爐鑄謂之冶。尸子曰：「蚩尤造九冶。」又鑄匠謂冶。　校補：注
「消也」，說文「消」作「銷」。此「大冶」當以注後一說爲是，冶謂鑄匠。大冶，喻善治民者。

〔四〕黃注：莊子「子貢謂漢陰丈人曰：『有械於此，一日浸百畦，用力甚寡而見功多，夫子不欲
乎？』爲圃者仰而視之，曰：『奈何？』曰：『鑿木爲機，後重前輕，挈水若抽，數如泆湯，其名曰
槔。』」悦所謂機，蓋是類也。　校補：「踊水」，使水騰湧也。踊通涌，後起字作「湧」。

〔五〕黃注：凡，常也。　善立教者，愚可使賢。　校補：禮記王制鄭玄注：「器，能也。」凡器，謂平庸之
人。　顔、冉，孔子弟子顔回、冉耕，並以德行稱，見史記仲尼弟子列傳。「同趨」，趨同趣，趣向、
志趣。

〔六〕黃注：利在前，刑在後，則畏而止矣。　巨跖，莊子「柳下季之弟名曰盜跖，從卒九千人，橫行

天下，侵暴諸侯，穴室樞戶，驅人牛馬，取人婦女。」校補：詩周南芣苢毛傳：「掇，拾也。」

〔七〕黃注：善立法者，貪可使廉。校補：同功，謂德業等也。

問：「民由水也〔一〕？」「濟大川者，太上乘舟，其次泅〔二〕。泅者勞而危，乘舟者逸而安。虛入水，則必溺矣〔三〕。以知能治民者，泅也〔四〕；以道德治民者，舟也；縱民之情謂之亂，絕民之情謂之荒〔五〕。」曰：「然則如之何？」曰：「為之限，使勿越也〔六〕；為之地，亦勿越〔七〕。故水可使不濫，不可使無流〔八〕。善禁者，先禁其身而後人；不善禁者，先禁人而後身。善禁之至於不禁，令亦如之〔九〕。若乃肆情於身而繩欲於眾，行詐於官而矜實於民〔一〇〕，求己之所有餘，奪下之所不足，捨己之所易，責人之所難，怨之本也〔一一〕，謂理之源斯絕矣〔一二〕。自上御下，猶夫釣者焉，隱於手〔一三〕，應於鈎，則可以得魚〔一四〕。自近御遠，猶夫御馬焉，和於手而調於銜〔一五〕，則可以使馬。故至道之要，不於身非道也〔一六〕。睹孺子之驅雞也，而見御民之方。孺子驅雞者，急則驚，緩則滯〔一七〕。方其北也，遽要之，則折而過南〔一八〕；方其南也，遽要之，則折而過北。迫則飛，疏則放〔一九〕。志閑則比之〔二〇〕，流緩而不安則食之〔二一〕。不驅之驅，驅之至者也〔二二〕。 志安則循路而入門。」

〔一〕校補：由同猶，也猶「耶」也，並見經傳釋詞。此問句。

〔二〕黃注：泅，浮行水上也。

〔三〕黃注：既不乘舟，又不能泅，所謂虛入水也。校補：「矣」原誤作「矢」，據程本、四庫本、王本、龍谿精舍本改。虛，猶言徒然。

〔四〕校補：知同智。

〔五〕黃注：上無道德，次無智能，所謂亂與荒也。校補：新書道術：「以己量人謂之恕，反恕為荒。」禁絕民之情欲，非以己度人之恕道，故謂之荒。按荒借為妄，見說文通訓定聲。又易泰九二「包荒用馮河」，漢帛書本「荒」作「妄」，亦其例。

〔六〕黃注：不縱不絕，為之界限，使不得逾分。

〔七〕校補：不縱民之情欲，故曰「為之限」；不絕民之情欲，故曰「為之地」。謂禁限而有餘地也。

〔八〕黃注：猶民可使不越，不可使無情欲也。校補：上「為之限」、「為之地」是正言，此復以水喻之。

〔九〕黃注：「水可使不濫」，為之限也；「不可使無流」，為之地也。校補：按「善禁之至於不禁」，疑當作「善禁之至，至於不禁」，上既正，則民不禁自正。

涉重文而脱一「至」字。上「至」字訓極，{玉篇}{至}部：「至，極也。」言善禁之極，乃至於無禁也。{孫子}{虛實}：「故形兵之極，至於無形。」與本文語例正同。極、至義同。又{商君書}{賞刑}：「明賞之猶，至於無賞也」；明刑之猶，至於無刑也」；明教之猶，至於無教也。」猶通尤。尤與至、極義亦相類。「令亦如之」，「如之」承上言，謂善令之至，至於無令也。

〔一〇〕校補：{資治通鑑}三十{胡三省}注此文云：「繩，約也。」情、欲互文。{漢書}{賈誼傳}{顏師古}注：「矜，尚也。」二句謂在身則縱其情，在民則約其欲；在官則自我行詐，在民則責彼尚實。　校補：捨，謂置之不問。

〔一一〕黃注：凡此皆所謂先禁人而後身者，在民則約其欲，不惟不能禁人，而民怨集矣。「所易」，肆欲；「所難」，禁欲也。

〔一二〕黃注：先禁其身者，理之源也。　校補：謂，猶爲也；斯，猶乃也，並詳{經傳釋詞}。「理」當作「治」，注「理」字同。　注。言爲治之根本乃絕。

〔一三〕黃注：按「手」下當有「而」字。　校補：下文云「和於手而調於銜」，故注謂此當作「隱於手而應於鈎」，與下句一律。

〔一四〕校補：魚於水中，所見者唯餌耳。吞餌則中鈎，是魚「應於鈎」也。鈎以綸懸繫於竿，竿操於鈎者之手，魚不能見之，是鈎者「隱於手」也。待魚自吞餌應鈎，釣者揚竿而得魚矣。此喻治民當誘導之，使其自從，不可強制而驚恐之也。

〔一五〕黃注：（銜）馬口勒也。校補：說文龠部：「龢，調也。」字通作「和」。和、調互文。御者操轡
而控銜勒，馬之進退迴旋，與手之操控相協調，故曰「和於手而調於銜」。

〔一六〕校補：意謂至道之要在於身行，道不在身，非道之謂。經傳釋詞：「於，猶在也。」

〔一七〕黃注：急，急驅之。緩，緩驅之。皆非所以驅雞也。悅之取喻，即其所謂「小人之情緩則驕，驕
則恣；急則怨，怨則畔」爾。

〔一八〕校補：「遽，急也。」要，讀如孟子公孫丑下「使數人要於路」之要，遮也。漢書趙充國傳顏師古
注：「要，遮也。」字亦作「邀」。廣韻平聲八戈：「過，經也。」以上三句，謂當雞向北，急遮攔
之，則折返而由南。

〔一九〕黃注：過南過北、飛放者，皆不循路入門也。校補：玉篇放部：「放，散。」謂迫近之則飛，疏遠
之則散矣。

〔二〇〕校補：助字辨略：「方，當也。」北，向北而行。此「北」為動字。下「方其南也」解仿此。玉篇
辵部：「遷，急也。」

〔二一〕黃注：比，近也。竢雞志閑，然後近之，則不驚。校補：「安閑」字本作「閒」，借「閑」字為之。

〔二二〕下文曰「志安則循路而入門」，志閑即志安，謂心定

〔三〕黃注：食之則不滯。校補：廣雅釋詁：「流，行也。」莊子天運成玄英疏：「流，動也。」「流

緩」，謂遲疑、踟躕。食音祥吏切，與之食也。

〔三〕黃注：比之、食之，不驅之驅也。

太上不空市〔二〕，其次不偷竊，其次不掠奪。上以功、惠綏民，下以財、力奉

上〔三〕，是以上下相與〔三〕。空市則民不與，民不與，則爲巧詐而取之，謂之偷竊。偷

竊則民備之，備之而不得〔四〕，則暴迫而取之，謂之掠奪，民必交爭〔五〕，則禍亂矣。

〔一〕校補：廣雅釋詁：「市，買也。」空市即賒買。

〔三〕黃注：即悅所謂「君降其惠，民升其功」。校補：「以功、惠綏民」，功謂論功而賞。

〔三〕校補：與，給予。予、與古今字。下二「不與」字並同。

〔四〕黃注：不得巧詐而取也。校補：慧琳一切經音義二十九引文字典說：「備，預防也。」

〔五〕校補：謂民必共與上爭。玉篇交部：「交，共也。」

或曰：「聖王以天下爲樂〔二〕。」曰：「否。聖王以天下爲憂〔三〕，天下以聖王爲

樂〔三〕。凡主以天下爲樂〔四〕，天下以凡主爲憂〔五〕。聖王屈己以申天下之樂〔六〕，凡主

申己以屈天下之憂〔七〕。申天下之樂，故樂亦報之〔八〕。屈天下之憂，故憂亦及

之〔九〕。天下之道也〔一〇〕。

〔一〕錢校：（「樂」下）原脫「乎」字，據治要補。 校補：按此乃「或」所言如此，不必加「乎」轉爲問
語。且上文曰「問：明於治者其統近」、曰「問：通於道者其守約」、曰「問：君以至美之道道
民，民以至美之物養君」、曰「問：人主有公賦無私求，有公用無私費，有公役無私使，有公賜無
私惠，有公怒無私怨」，諸問語亦不加「乎」字。悅書設或曰、或問，句末多不加「乎」字。下時
事至雜言諸篇亦可證。今不據補「乎」字。

〔二〕黃注：如帝堯存心天下，加志窮民，一民饑曰我饑之，一民寒曰我寒之，一民有罪曰我陷之
是已。

〔三〕黃注：如帝堯之世，天下大和，耕田鑿井，歌於擊壤，立我烝民，謠於康衢是已。

〔四〕黃注：如履癸傾宮瑤臺、肉山脯林、酒池糟堤以爲樂者是已。 校補：注「傾宮」，程本、四庫本
作「瓊宮」。 按淮南子墬形「傾宮旋室」，高誘注：「傾宮，宮滿一頃田中也。」後漢書陳蕃傳李
賢注引帝王紀曰：「紂作傾宮，多采美女以充之。」履癸即夏桀。

〔五〕黃注：如夏邑民曰「時日曷喪，予及汝偕亡」是已。

〔六〕黃注：屈己而憂。

〔七〕黃注：申己而樂。校補：申同伸，伸、屈對文，義相反。云「申天下之樂」則可，云「屈天下之憂」則意不可通。蓋抑屈天下之憂，即伸舒天下之樂也。今按此文二「之」字用法當同「於」，謂聖王屈己以伸天下於樂，凡主伸己以屈天下於憂也。古書「之」訓「於」，例多見，參經傳釋詞、經詞衍釋諸書。下文「申天下之樂」、「屈天下之憂」之亦猶於。

〔八〕黃注：民樂，則聖王必享其樂。

〔九〕黃注：民憂，則凡主必至於憂。

〔一〇〕錢校：（「天之道也」）原作「天下之道也」，據治要刪「下」字。校補：按「天下之道也」，謂天下之道理如此也。且上文皆以「天下」爲言，此乃總結之句。今不從錢刪。

治世所貴乎位者三，一曰達道於天下，二曰達惠於民，三曰達德於身〔一〕。衰世所貴乎位者三，一曰以貴高人〔二〕，二曰以富奉身，三曰以報肆心〔三〕。治世之位，真位也。衰世之位，則生災矣。苟高人則必損之，災也；苟奉身則必遺之，災也；苟肆心則必否之〔四〕，災也。

〔一〕黃注：道非位不行，惠非位不降，德非位不顯。治世之所貴者，此也。校補：「達道於天下」，言使道通達於天下。下二句解仿此。

〔二〕校補：高人，居人上。

〔三〕黃注：勢非位不隆，欲非位不厭，讎非位不報。衰世之所貴者，此也。校補：按單言「報」，似不當僅以報仇釋之。荀子正論「皆報也」，楊倞注：「報，謂報其善惡。」凡報恨、報謝皆曰「報」。「以報肆心」，謂恩怨必報，以恣其意也。

〔四〕校補：「必否之」「之」指己，言人必否己。易否釋文：「否，塞也。」否音並鄙切。謂苟肆意無忌，則己必爲人所困也。上「苟高人則必損之」、「苟奉身則必遺之」二句解仿此。損之，謂己爲人所貶抑。遺之，謂己爲人所遺棄。

治世之臣所貴乎順者三，一曰心順，二曰職順，三曰道順。衰世之臣所貴乎順者三〔一〕，一曰體順，二曰辭順，三曰事順〔二〕。治世之順，真順也。衰世之順，生逆也〔三〕。體苟順則逆節〔四〕，辭苟順則逆忠〔五〕，事苟順則逆道〔六〕。高下失序則位輕，班級不固則位輕〔七〕，禄薄卑寵則位輕〔八〕，官職屢改則位輕，遷轉煩瀆則位輕〔九〕，黜陟不明則位輕〔一〇〕，待臣不以禮則位輕。夫位輕而政重者，未之有也〔一二〕。聖人之大寶曰位[二二]，輕則喪吾寶也。

〔一〕校補：「衰世之臣」云云以下二十二字，原脫。黃注謂疑脫「衰世之臣所貴乎順者三，一曰體順，二曰亂順，三曰事順」二十二字。按治要正有此二十二字，唯「亂順」作「辭順」。錢校據治要補，盧校據黃注補，今從治要補。

〔二〕校補：心順，不違心；職順，不瀆職；道順，不背道。體順，體貌柔順，謂便辟足恭。辭順，言辭承順。事順，行事順上。

〔三〕黃注：（「生逆也」）當作「則生逆矣」。校補：按治要引有「則」字，「矣」作「也」。逆，謂姦逆不忠。

〔四〕黃注：逆節則心不順矣。校補：苟且迎逢則失節，故曰「逆節」。

〔五〕黃注：逆忠則職不順矣。校補：「辭」，原誤「亂」，據治要改。言辭苟合而不直諫，故曰「逆忠」。

〔六〕黃注：逆道則道不順矣。校補：事苟且順上，不辨是非，則有違道義，故曰「逆道」。

〔七〕黃注：漢爵有二十級。校補：左傳文公六年杜預注：「班，位也。」班級即官位與爵次。

〔八〕校補：「卑寵」，謂在下位者得尊寵。

〔九〕校補：二句謂官職屢改，職務遷變煩亂無準，則居位無常而難立威信，故位輕。易蒙「再三瀆」，釋文：「瀆，亂也。」「煩瀆」複語。

〔一〇〕黃注：黜，退降也。陟，升進也。舜典曰：「三載考績，三考黜陟幽明。」

〔一一〕校補：禮記王制孔穎達疏：「政，謂政令施為。」位輕則政令無威重也。

〔一二〕黃注：易繫辭文。

好惡之不行，其俗尚矣〔一〕。嘉守節而輕狹陋〔二〕，疾威福而尊權右〔三〕，賤求欲而崇克濟〔四〕，貴求己而榮華譽〔五〕，萬物類是已〔六〕。夫心與言，言與事，參相應也〔七〕。好惡、毀譽、賞罰，參相福也〔八〕。六者有失〔九〕，則實亂矣。守實者益榮，求己者益達，處幽者益明，然後民知本也〔一〇〕。

〔一〕校補：「不行」，據下文蓋謂好惡失其實。呂氏春秋古樂「故樂之所由來尚矣」，高誘注：「尚，久也。」謂好惡之不實，其俗已久。按下文舉「嘉守節而輕狹陋」云云四事，皆謂有其所好者則必有其所惡者，好與惡相符也。此段大意謂所好與所惡不相符，則好惡失實，故好惡不失實，則民知所當為而不忘本。唯文意略嫌牽強，今隨其文推演其意。

〔三〕校補：經傳釋詞：「而，猶則也。」下文「疾威福」、「賤求欲」、「貴求己」云云三句「而」字並同。

持守節操者志趣高尚，故嘉尚守節，則必輕看淺狹鄙陋之人。此舉好、惡相符之事一。

〔三〕校補：玉篇疒部：「疾，患也。」疾謂憂患。權右，謂權貴。史記廉頗藺相如列傳正義：「秦、漢以前，用右爲上。」憂懼作威作福者凌己，則必尊奉權貴。此舉好、惡相符之事二。

〔四〕校補：爾雅釋言：「克，能也。」又：「濟，成也。」「克濟」謂有所成就。嗜欲多求，則喪志而事無所成。故鄙賤貪欲者，則必崇好成就事功。此舉好、惡相符之事三。

〔五〕校補：後漢書馬融傳李賢注：「華譽，虛譽也。」列子周穆王「榮汝之糧」，張湛注：「榮，棄也。」俞樾諸子平議云：「訓榮爲棄，不知何據，殆非也。榮者對實而言，榮猶華也（按華、花古今字）。爾雅釋草：「木謂之華，草謂之榮，榮而不實者謂之秀。」是其義也。古人之詞，凡無實者謂之華。後漢書馬融傳注曰：『華譽，虛譽也。』訓華爲虛，則榮亦可爲虛矣。榮汝之糧，言其虛費而無實用也。」今按俞說雖可從，然虛而無實謂之榮，由此義亦可引申爲視爲無用而棄之，則張注未必可非，今仍姑從張注。凡事求諸己，則所得爲實。故求於己者，則必棄虛譽。此舉好、惡相符之事四。

〔六〕校補：此承上好、惡相符言之，謂萬事皆類此。

〔七〕校補：參，互也。穀梁傳桓公五年楊士勛疏：「參者，交互之義。」「參應」即互應。言者，心之聲，故心與言相應；事者，言之實，故言與事相應。

〔八〕盧校改「福」(從示)爲「福」(從衣)，云：案李善注西京賦「仰福帝居」云：「福，同也。」匡謬正俗云：「福，古副貳字。」又東京賦「順時服而設福」，亦見顏籒書，今本改「福」爲「副」。徐鍇云：「仰福之福從衣。」此字舊本皆作「福」，誤也。校補：按錢校據盧説改。王本、龍谿精舍本亦改作「福」。今按從衣之「福」，亦即「副」字，訓稱副、符同。唯福與福同聲相同，今文選西京賦仍作從示之「福」。似不必改字，但知「福」字作相符解，不作福佑解，斯可矣。好惡，生於心也；毀譽，出於言也；賞罰，見於事也。心與言相應，言與事相應，則好惡、毀譽、賞罰自相符也。

〔九〕黃注：六者，謂好惡、毀譽、賞罰。有失，謂不能詢事考言，占外知內，而謬施之。

〔一〇〕校補：立於實則榮不虛，務實不已，則益榮矣。求諸己則能自達，求之不已，則益達矣。處幽困者不失其正，則雖隱而益顯矣。知守實、求己、處幽，則知本也。

時事第二

最凡有二十一首。其初二首，尚知、貴敦也。其二首有申重可舉者十有九

事〔二〕，一曰明考試，二曰公卿不拘爲郡，二千石不拘爲縣；三曰置上武之官；四曰

議州牧；五曰生刑而死者但加肉刑；六曰德刑並用；七曰避讎有科；八曰議禄；

九曰議專地；十曰議錢貨；十一曰約祀舉重；十二曰天人之應；十三曰月正聽

朝；十四曰崇内教；十五曰備博士；十六曰至德要道；十七曰禁數赦令；十八曰

正尚主之制；十九曰復外内注記者。

〔一〕校補：小爾雅廣詁：「最，要也。」最凡，猶言總共。「其二首」指上「其初二首」。蓋此篇凡二

十一事，初二首總論「尚知、貴敦」，此二首所論復有可舉陳者十九事，即下之「明考試」等時事

十九首。

盤庚遷殷，革奢即約〔二〕，化而裁之，與時消息，衆寡盈虛不常厥道〔二〕，尚知貴

敦〔三〕，古今之法也。民寡則用易足，土廣則物易生，事簡則業易定〔四〕，厭亂則思治，

〔二〕黃注：盤庚，殷王名。自契至湯，八遷始居亳。自湯至盤庚，五遷乃涉河南，復湯故居，行湯之政，以具貝玉、總貨寶爲戒，乃革奢即約之類。校補：事見書盤庚及史記殷本紀。注「總貨寶爲戒」，「寶」原作「實」，據程本、四庫本、龍谿精舍本改，與書盤庚下「無總於貨寶」合。易訟孔穎達疏：「即，從也。」「即約」猶言從簡。後漢書郎顗傳：「昔盤庚遷殷，去奢即儉。」

〔三〕校補：易繫辭上「化而裁之謂之變」，王弼注：「因而制其會通，適變之道也。」「化而裁之」，謂因其變化而裁定，即變通也。又豐象辭「天地盈虛，與時消息」，孔穎達疏：「盈則與時而息，虛則與時而消。」「消息」謂消減、生息，「與時消息」亦即因時損益，故曰「衆寡盈虛不常厥道」，蓋因時而變通故也。

〔三〕校補：知同智。老子十五章「敦兮其若朴」，河上注：「敦者，質厚。」按說文心部：「惇，厚也。」玉篇心部：「惇，樸也。」凡言敦厚、敦樸，皆通「惇」。尚、貴互文。

〔四〕校補：易坤文言孔穎達疏：「事成謂之業。」

〔五〕黃注：殷自中丁以來，廢適而更立諸弟子，或爭相代立，比九世亂，於是諸侯莫朝。校補：黃注乃引史記殷本紀文。注「或爭相代立」，「或」上當重「弟子」二字。「創難則思靜」，謂因創業艱難，故思安守其業。

或曰：「三皇之民至敦也〔一〕，其治至清也，天性乎？」曰：「皇民敦，秦民弊，時也〔二〕；山民樸，市民玩，處也〔三〕；桀紂不易民而亂，湯武不易民而治，政也〔四〕。皇民寡，寡斯敦〔五〕；皇治純，純斯清〔六〕。奚惟性〔七〕？不求無益之物，不蓄難得之貨，節華麗之飾，退利進之路〔八〕，則民俗清矣。簡小忌，去淫祀，絕奇怪，則妖僞息矣〔九〕。致精誠，求諸己，正大事，則神明應矣〔一〇〕。放邪說，去淫智〔一一〕，抑百家〔一二〕，崇聖典，則道義定矣。去浮華，舉功實，絕末伎，同本務〔一三〕，則事業脩矣〔一四〕。

〔一〕錢校：原脱「之」字，據治要補。校補：今依錢校據治要補。玉篇至部：「至，極也。」「至敦」極厚樸。

〔二〕黃注：皇、秦之時不同，故敦、弊不同。校補：慧琳一切經音義五引考聲云：「弊，劣也。」

〔三〕黃注：山、市之處不同，故樸、玩不同。校補：玩通忨。説文心部：「忨，貪也。」

〔四〕黃注：桀紂、湯武之政不同，故治、亂不同。校補：「不易民」，謂桀紂與湯武所治之民同，未嘗改易。

〔五〕黃注：「三皇之時，蒸庶鮮少，機智不生，所以至敦。」校補：注「蒸庶」，程本、四庫本「蒸」作「烝」。按蒸同烝。經傳釋詞：「斯，猶則也。」

〔六〕黃注：「三皇之治無為而化，繁苛不尚，所以至清。」校補：純與淳、醇古通用。慧琳一切經音義五引考聲云：「淳，朴也。」其治樸實無華，則政事清平。

〔七〕校補：按治要「奚」作「矣」，屬上「純斯清」為句。「惟性」連下讀。小萬卷樓本據治要改，錢氏未出校。今按「奚惟性」乃答上文或曰「天性乎」之問，猶言「何性之有耶」。奚，何也。惟，有也。並見經傳釋詞。治要作「矣」，未是。

〔八〕校補：「利進之路」，圖財利、謀仕進。荀子大略「君子進則能益君之譽而損下之憂」，楊倞注：「進，仕。」

〔九〕錢校：治要「去」作「絕」。校補：戰國策秦策一高誘注：「簡，汰也。」小忌，常俗無謂之忌諱。書大禹謨孔穎達疏：「淫者，過度之意。」淫祀，謂濫祀以求福。絕奇怪，謂杜絕違常之行。妖偽，謂怪誕幻偽之事。

〔一〇〕校補：「致精誠，求諸己」對上「簡小忌，去淫祀」言。孝經紀孝行「居則致其敬」，邢昺疏：「致，盡也。」謂盡己精誠之意，但求自身端正。「正大事」對上「絕奇怪」言。呂氏春秋順民高誘注：「正，治也。」「神明應」對上「妖偽息」言。仲長統昌言「召天地之嘉應」，應即嘉應，謂天地神明報應祥瑞也。

〔二〕校補：小爾雅廣言：「放，棄也。」凡過度失正曰淫。用心智於不經之學，則謂之淫智。論語爲政：「攻乎異端，斯害也已。」淫智，治異端之智也。

〔三〕黃注：諸子殽亂之言。

〔三〕錢校：治要「同」作「周」。校補：字作「同」義長。同有統義。墨子經上：「同，異而俱之於一也。」異而俱之於一，即統於一也。國語周語上「其惠足以同其民人」，韋昭注：「同，猶一也。」

〔四〕孫子謀攻「不知三軍之事，而同三軍之政」，「同三軍之政」，謂統三軍之政。上云「末伎」謂工商，此云「本務」謂農桑。「同本務」即一致事農本。

黃注：能盡五事，則民敦治清矣。此初二首，所謂尚知貴敦也。校補：禮記中庸「脩道之謂教」，鄭玄注：「脩，治也。」

誰毀誰譽，譽其有試者，萬事之概量也〔一〕。以茲舉者，試其事；處斯職者，考其績〔二〕。賞罰失實，以惡反之，人焉飾哉〔三〕。語曰：盜跖不能盜田尺寸，寸不可盜，況尺乎〔四〕？夫事驗必若土田之張於野也，則爲私者寡矣〔五〕。若亂之墜於澳也，則可信者解矣〔六〕。故有事考功，有言考用，動則考行，靜則考守〔七〕。

〔一〕黃注：孔子曰：「吾之於人也，誰毀誰譽，如有所譽者，其有所試矣。」概，所以戛摩取平者。斗

斛曰量。言考試品賢能之虛實，猶概量較米粟之多寡也。校補：說文言部：「誰，何也。」「譽

其有試者」，經傳釋詞：「其，猶乃也。」謂若有所譽，乃試其事而實可稱譽。概亦作㮣，荀子宥

坐：「概，平斗斛之木。」平斗斛須以木刮摩之，使穀與斗斛齊平，故注曰「戛摩取平」。概、量皆

度量之具。萬事之概量，謂考試爲度量萬事之依據。

〔二〕黃注：詢事驗舉，省績察職。校補：「以茲舉者，試其事」，謂以此舉薦其人，則考其事亦如此

否。爾雅釋詁：「茲，此也。」

〔三〕校補：原文「失」作「夫」，據王本改。「以惡反之」，反同返，謂賞罰失實，則必返以惡果。然則

人焉能掩飾其善惡哉。

〔四〕黃注：纖惡細善，不可閟掩。校補：謂田布於野，人皆見之而不能盜。此起下文「夫事驗必若

土田之張於野也」之喻。

〔五〕黃注：田布於野，不可隱者，喻惡不可掩也。校補：原文「土」作「上」，錢校改「土」。按明徐

元太喻林六十九、陳禹謨駢志十九並引作「土」，四庫本同，今據改。事之明驗，必如土田張布

於野，人皆見之。田在野而人人得見，雖盜跖亦不能盜寸地。喻事有驗則人盡知，善惡不可掩

也。如此則人不敢爲非，而爲私者寡矣。

〔六〕黃注：亂，朱子曰：「舟之截流橫渡者。」澳，厓內近水之處。舟登於陸，不可信者，喻善不可僞

也。校補：注「厓內近水之處」，王本無「處」字，則當讀「近水之舟登於陸」爲句，「厓內」屬上

讀，釋「澳」字。程本「處」字作空缺。按此二句費解。黃注「舟登於陸」云云，亦不甚瞭，且釋

「墜」爲「登」，殊爲牽強。今謂澳通隩，音於六切。説文𨸏部：「隩，水隈崖也。」水涯曲處曰

隩。橫渡曰「亂」，本爾雅釋水。「亂之墜於澳」，蓋謂橫渡之舟於濱邊水靜處尚自墜沉，故曰

「則可信者解矣」，謂不可信其能截流橫渡也。漢書五行志上顏師古注引張晏曰：「解，止也。」

〔七〕黃注：此一首所謂明考試也。校補：「動則考行」，言察其作爲行事；「靜則考守」，言察其平

素操守。

公卿不爲郡，二千石不爲縣，未是也〔一〕。小能其職，以極登於大，故下位競〔二〕。

大橈其任，以墜於下，故上位慎〔三〕。其鼎覆刑焉，何憚於降〔四〕？若夫千里之任不

能充於郡，而縣邑之功廢，惜矣哉〔五〕。不以過職絀，則勿降，所以優賢也。以過職

絀，則降，所以懲惰也〔六〕。

〔二〕黃注：公謂三公，師、傅、保也。卿謂六卿，冢宰至司空也。郡謂郡守、郡尉。縣謂縣令、縣長

也。班固曰：「郡守，秦官，掌治其郡，秩二千石。郡尉，秦官，掌佐守典武職甲卒，秩比二千

石。縣令、長皆秦官，掌治其縣。萬戶以上爲令，秩千石至六百石。減萬戶爲長，秩五百石至

三百石。」校補：篇首「最凡」所舉十九事之二云：「公卿不拘爲郡，二千石不拘爲縣。」言公卿

可使治郡，郡守可使治縣，上位者可任下職也。既不拘任下職，故以「公卿不爲郡、二千石不爲

縣」爲非。

〔三〕黃注：（「下」）俗本誤作「不」。小職有登，則下位競修其業矣。校補：廣雅釋詁：「極，高

也。」按「以極登於大」，「極」字似衍，「以登於大」與下句「以墜於下」相對。漢書嚴助傳「中國

之人不能其水土也」，顏師古注：「能，堪也。」小、大指官位高低言。下位者堪任職，則升於上

位，如此在下位者皆競相勉力其職事。

〔三〕黃注：大任有墜，則上位慎共其職矣。校補：詩商頌長發釋文：「撓，亂也。」按撓通橈。「橈

其任」，亂其職。注「共其職」，共同供。

〔四〕黃注：易鼎九四曰：「鼎折足，覆公餗，其形渥，凶。」此言大臣廢壞國事，刑之尚可，何況降

位？校補：注引鼎九四文，周易集解引虞翻本「形渥」作「刑渥」，云：「大刑也。」九家易：

「鼎者，三足一體，猶三公承天子也。三公謂調陰陽，鼎謂調五味。足折餗覆（按言鼎足折而傾

其食），猶三公不勝其任，傾敗天子之美。故曰『覆餗』也。」此以鼎三足，喻三公輔佐天子。鼎

折足，傾天子之美食，喻三公力不勝職。不勝職則致大刑及身。悅云「鼎覆刑焉」，「形」作

「刑」，與虞翻易同。謂三公失職猶可大刑加於身，何畏難降職乎？說文心部：「憚，忌難也。」

〔五〕校補：漢書百官公卿表上：「縣大率方百里。」千里之任，謂郡守之職也。又揚雄傳上顏師古

注：「充，當。」「充於郡」，謂當郡守。「若夫千里之任不能充於郡」，謂若不能充當郡守而受千

里之任，倒言之也。小爾雅廣詁：「功，事也。」其人之才僅足治一縣，若任以郡守，則力不能當

其職，而反廢縣邑之事，故云可惜也。

〔六〕黃注：此一首所謂公卿不拘爲郡，二千石不拘爲縣也。　校補：呂氏春秋達鬱「上無過舉」，高

誘注：「過，失。」過職即失職。紬通黜。謂若非因失職免任，則勿降其官級，所以優厚待賢才

也。以失職免任，則降其官級，所以懲戒過愆也。

孝武皇帝以四夷未賓，寇賊姦宄〔一〕，初置武功賞官，以寵戰士〔二〕。若今依此科

而崇其制〔三〕，置尚武之官，以司馬兵法選位，秩比博士〔四〕，講司馬之典，簡蒐狩之

事〔五〕，掌軍功爵賞，小統於五校〔六〕，大統於太尉〔七〕，既周時務〔八〕，禮亦宜之。周之

末葉，兵革繁矣，莫亂於秦，民不荒殄〔九〕。今國家忘戰日久〔一〇〕，每寇難之作，民瘁幾

盡〔一一〕。不教民戰，是謂棄之，信矣〔一二〕。

〔一〕校補：爾雅釋詁：「賓，服也。」書旅獒「四夷咸賓」，偽孔傳：「四夷皆賓服。」書牧誓「以姦宄

于商邑」，孔穎達疏：「姦宄，謂劫奪。」

〔二〕黃注：大司農陳：臧錢經用，賦稅既竭，不足以奉戰士。有司請令民得買爵，及贖禁錮，免臧

罪，請置賞官，名曰武功爵。級十七萬，凡直三十餘萬金。諸買武功爵官首者試補吏，先除；

千夫如五大夫；其有罪又減二等；爵得至樂卿，以顯軍功。按茂陵中書有武功爵，一級曰造

士，二級曰閑輿衛，三級曰良士，四級曰元戎士，五級曰官首，六級曰秉鐸，七級曰千夫，八級曰

樂卿，九級曰執戎，十級曰政戾庶長，十一級曰軍衛。此武帝所制，以寵軍功。校補：注「免臧

罪」，程本、四庫本「臧」作「贓」。按注乃引漢書食貨志下文，史記平準書「臧」作「減」，王先謙

漢書補注謂作「減」是。又注「九級曰執戎」，程本、四庫本「戎」作「戍」。按漢書食貨志下臣瓚

注引茂陵中書作「戎」。「武功」，軍功。易師象傳鄭玄注：「寵，光耀也。」「寵戰士」，使武卒

榮耀。

〔三〕校補：太玄玄攡范望注：「科，法也。」「依此科」，謂依武帝置武功爵以寵戰士之法。「崇其

制」，謂擴大其尚武之制。文選冊魏公九錫文六臣注引李周翰云：「崇，大也。」

〔四〕黃注：齊將司馬穰苴撰兵法三卷。秩比博士，六百石也。校補：「置尚武之官」，設官以掌

尚武事，即下文所謂「掌軍功爵賞」者。爾雅釋宮：「中庭之左右謂之位。」邢昺疏：「位，羣臣

之列位也。」「選位」即選尚武之官。荀子王霸楊倞注：「秩，祿也。」禮記樂記鄭玄注：「比，猶

同也。」武帝置五經博士，秩六百石，見漢書百官公卿表上。

〔五〕黃注：古者中春教振旅，遂以蒐田；中夏教茇舍，遂以苗田；中秋教治兵，遂以獮田；中冬教

大閱，遂以狩田。詳見周禮。校補：左傳昭公七年杜預注：「講，習也。」爾雅釋言：「簡，閱

也。」簡謂檢閱。爾雅釋天：「春獵爲蒐。」又：「冬獵爲狩。」檢閱蒐狩之事者，古以狩獵爲習

武之事。

〔六〕黃注：「校」，俗本誤作「枚」。五校者，一曰屯騎，二曰越騎，三曰步兵，四曰長水，五曰射聲，俱

掌宿衛兵，所謂「大駕鹵簿，五校在前」是也。

〔七〕黃注：太尉，秦官，金印紫綬，掌武事。武帝建元二年省。元狩四年初置大司馬，以冠將軍之

號。建武二十七年復爲太尉。校補：「小統」，直屬也；「大統」，總屬也。

〔八〕校補：楚辭離騷王逸注：「周，合也。」

〔九〕校補：國語吳語韋昭注：「荒，空也。」説文歺部：「殄，盡也。」「民不荒殄」，謂民未絕盡，此對
下文「民瘝幾盡」言。

〔一〇〕錢校：「今」原誤「令」，今正。校補：按程本、王本誤「令」。

〔一一〕校補：漢末戰亂不斷，此云「忘戰」者，蓋謂久不尚武，不習戰。「民瘝幾盡」，瘝、悴通用，謂民
憔悴，幾近損亡絕盡。

〔一二〕黃注：孔子曰：「以不教民戰，是謂棄之。」古者四時于田，所以教爾。此一首所謂置尚武之官
也。校補：以未習之民戰，是猶棄民於死。論語述而邢昺疏：「人言不欺謂之信。」「信矣」，
猶云誠哉是言。

或問曰：「州牧、刺史、監察御史三制，孰優〔一〕？」曰：「時制而已〔二〕。」曰：
「天下不既定其牧乎〔三〕？」曰：「古諸侯建家國，世位權柄存焉〔四〕，於是置諸侯之
賢者以牧，總其紀綱而已，不統其政，不御其民〔五〕。今郡縣無常〔六〕，權輕不固〔七〕，
而州牧秉其權重，勢異於古〔八〕，非所以強榦弱枝也，而無益治民之實〔九〕。監察御史
斯可也〔一〇〕。若權時之宜，則異論也〔一一〕。」

〔一〕黃注：監御史，秦官，掌監郡。漢興，省之。至惠帝三年，又遣御史監三輔郡，所察之事凡九條，監者二歲更之。其後諸州復置監察御史。文帝十三年，以御史不奉法，下失其職，乃遣丞相史出刺，并督察監御史。武帝元封元年，御史止不復監。至五年，乃置部刺史，掌奉詔六條察州，凡十二州焉，居部九，歲舉為守相。成帝綏和元年，以為刺史位下大夫，而臨二千石，輕重不相準，乃更為州牧，秩真二千石，位次九卿。建平二年復為刺史。元壽二年復為牧。建武十八年復為刺史十二人，各主一外州。舊以八月巡行所部，錄囚徒，考殿最。初，歲盡詣京師奏事，中興但因計吏，不復自詣京師，雖父母之喪，不得去職。或謂州府為外臺，靈帝中平五年改刺史，惟置牧。是時天下方亂，多自九卿出領州牧，州牧之任自此重矣。

〔二〕黃注：三制隨時所定。校補：三制因時所定，謂未可比較孰為優。

〔三〕校補：天下，謂今獻帝時。上文黃注：「靈帝中平五年改刺史，惟置牧。」

〔四〕校補：程本「存」作「有」。

〔五〕校補：禮記曲禮下：「九州之長，入於天子之國，謂之牧。」鄭玄注：「每一州之中，天子選諸侯之賢者以為之牧也。」孔穎達疏：「殷曰伯，周曰牧。此云牧，據周禮也。」天子於每州之中選取賢侯一人，加一命，使主一州為牧。」按此云牧，蓋謂為一方諸侯之長，如文王為紂之西伯是。

其後春秋時齊桓、晉文等五伯亦其類。然但主諸侯之盟，率諸侯以朝天子、伐叛命，不領各諸侯國之政，不治其民，故曰「總其紀綱而已」，謂但總督諸侯之法紀。

〔六〕 黃注：不若古諸侯之世位。 校補：郡縣非世襲，故曰「無常」。

〔七〕 黃注：不若古諸侯之權柄存。 校補：今郡縣受制於州牧，故曰「權輕不固」。

〔八〕 黃注：不若古諸侯之牧不統政御民。 校補：謂州牧統郡縣之政。

〔九〕 校補：漢制，郡統縣，縣治民，郡縣為民政之本。若監御史，不過巡查各郡，且不常設。武帝始置州刺史，掌奉詔督察各州之郡，始設州治，然秩不過六百石，權不過督察。成帝時更為州牧，秩真二千石，位次九卿，由此權重。靈帝時，州牧多由朝廷重臣出任，權益重。延至獻帝，州牧統管一方軍事民政，勢成割據，如袁紹、曹操先後為冀州牧，劉表為荊州牧，劉璋為益州牧皆是。而郡縣受制，進黜無常，權輕不固矣。故悅謂「非所以強榦弱枝也，而無益治民之實」者，有感於當時而言之。

〔一〇〕 黃注：言監御史愈於州牧。 校補：悅意謂以今時而論，則可置監御史，但巡查各郡，勿設州治，不至使郡縣權輕不固。

〔一一〕 黃注：此一首所謂議州牧也。 校補：異論，謂另作別論。

肉刑，古也〔一〕。或曰：「復之乎？」曰：「古者人民盛焉，今也至寡〔二〕。整衆以威，撫寡以寬，道也〔三〕。復刑非務，必也生刑而極死者復之可也〔四〕。自古肉刑之除也〔五〕，斬右趾者死也。惟復肉刑，是謂生死而息民〔六〕。」

〔一〕校補：肉刑，殘傷肢體之刑，如劓（割鼻）、刖趾（斬足）是。漢時肉刑有三，漢書刑法志：文帝十三年下令除肉刑，其令曰「今法有肉刑三，而姦不止」，顏師古注引孟康曰：「黥、劓二，刖左右趾合一，凡三也。」

〔二〕校補：前文云：「今國家忘戰日久，每寇難之作，民瘁幾盡。」故曰今民至寡。

〔三〕校補：玉篇辵部：「道，理也。」

〔四〕黃注：如斬右趾本生刑也，而改爲棄市，則極死矣。斯則斬右趾之刑復之可也。校補：「必也」屬下讀。論語八佾「君子無所爭，必也射乎」，孔穎達疏：「君子雖於他事無爭，其或有爭，必也於射禮乎？」必也，猶言必須，惟有。國語魯語下「齊朝駕，則夕極於魯國」，韋昭注：「極，至也。」謂恢復肉刑非所當務，惟不當死之生刑而改至死刑者，則可恢復肉刑。按仲長統云：「肉刑之廢，輕重無品。」漢時廢除肉刑，罰中罪無中刑以稱之。其中罪不當死者，以輕刑不足懲戒，往往處死，或令死獄中而詐稱病卒，皆罪不當死而至死，參仲長統昌言損益。

〔五〕校補：「古肉刑」三字連讀。上文云：「肉刑，古也。」

〔六〕黃注：孝文下令除肉刑，張蒼等立律曰：「諸當完者，完爲城旦舂。當黥者，髡鉗爲城旦舂。當劓者，笞三百。當斬左趾者，笞五百。當斬右趾，及殺人先自告，及吏受賕枉法、守縣官財物而即盜之、已論命復有笞罪者，皆棄市。」是後外有輕刑之名，内實殺人。斬右趾者又當死，笞五百、三百率多死。至景帝更定箠令。此言肉刑極死者復之，則死者生，而民生息矣。此一首所謂生刑而死者但加肉刑也。校補：文帝廢肉刑改鞭笞，以行刑過重而往往致罪囚於死，漢書刑法志所謂「外有輕刑之名，内實殺人」是也。唯景帝時三復減輕笞刑，罪囚始得全生。其後中罪既不當死，處鞭笞又以罰輕而不足懲戒，漢書刑法志所謂「死刑既重，而生刑又輕，民易犯之」是也。以故中罪往往加罪而處死，仲長統所以議復肉刑者爲此。悦曰「必也生刑而極死者復之可也」，又曰「自古肉刑之除也，斬右趾者死也」，是僅就當斬右趾而改棄市者言之，謂此則可復肉刑以全其生，其餘廢肉刑而不至死者，則不必復肉刑，故曰「復刑非務」。按悦此議實由不忍復肉刑以殘民，故僅以改死刑者可復斬右趾。然當時斷中罪既無中刑，處輕罰又患不足懲戒，故官獄每每栽贓加罪以處死，甚而令死獄中而詭稱疾病，皆生刑而屈死者，詳見昌言損益。故仲長統謂以復肉刑爲不可者，是「忍于殺人，而不忍于刑人」也。肉刑之復，漢人議之紛紛，而無定論。蓋其心皆出於不忍，而廢之與復，利弊兼有耳。

問德刑並用。「常典也〔一〕。或先或後，時宜〔二〕。刑教，不行勢極也〔三〕。教初

必簡，刑始必略，事漸也〔四〕。教化之隆，莫不興行，然後責備〔五〕。刑法之定，莫不避

罪，然後求密〔六〕。未可以備，謂之虛教〔七〕。未可以密，謂之峻刑〔八〕。虛教傷化，峻

刑害民，君子弗由也。設必違之教，不量民力之未能，是招民於惡也，故謂之傷

化〔九〕。設必犯之法，不度民情之不堪，是陷民於罪也，故謂之害民〔一〇〕。莫不興行，

則一毫之善可得而勸也，然後教備〔一一〕。莫不避罪，則纖介之惡可得而禁也，然後

密〔一二〕。」

〔一〕校補：「常典也」上，於文當有「曰」字，此以下皆悦答問之語。爾雅釋詁：「典，法也。」常典，

常法、通則。政體篇云：「故凡政之大經，法、教而已。」

〔二〕黃注：或先德後刑，或先刑後德，隨時所宜。

〔三〕黃注：常典不行過伉耳。校補：「刑教」即刑德，謂法與教。「刑教不行勢極也」七字作一句

讀，謂刑法、德教者，其行之不得勢過猛急。淮南子精神「隨其天資，安之不極」，高誘注：「極，

急也。」左傳襄公二十四年「公孫之疢也」，杜預注：「疢，急也。」下文云「教初必

簡，刑始必略，事漸也」，爲之漸，故不行勢極。或讀「刑教不行」爲句，「勢極也」爲句，未是。

〔四〕黃注云「不行過伉耳」，伉同「六極」之六，過伉即過甚。知黃以「不行勢極」連讀，是也。

〔五〕黃注：創始欲民易從，宜於簡略。校補：「事者，爲也。」孝經聖治「作事可法」，

「事」爲動字，「作事」即作爲。「事漸」，謂漸爲之。

〔六〕黃注：簡者以漸而備。校補：說文貝部：「責，求也。」教化其始則簡而民易從，漸至民無不從

而行之，而後可以求全責備。

〔七〕黃注：教化未隆，民不興行，而責備焉，是謂虛教也。校補：下文云：「設必違之教，不量民力

之未能，是招民於惡也，故謂之傷化。」不度量民能行之與否，設不可行之教，是強使民從其所

惡，民必違而不行，反於教化有傷，則是教化虛設也。故謂未可以責備而強求之，則教化等同

虛設。

〔八〕黃注：刑法未定，民不避罪，而求密焉，是謂峻刑也。校補：峻刑，猶言酷刑。下文云：「設必

犯之法，不度民情之不堪，是陷民於罪也，故謂之害民。」不度民情之不堪，立不可行之法，則民

必犯之，因而違法觸罪，是陷民於罪而害之也。故謂法未可以密而強求其嚴密，則爲酷刑。

〔九〕黃注：未可以備而責備，則教必違。

〔一○〕黃注：未可以密而求密，則法必犯。

〔一一〕黃注：民行脩飭，則教備而不違。校補：上文云：「教化之隆，莫不興行，然後責備。」

〔一二〕黃注：民知畏罪，則法密而不犯。此一首所謂德刑並用也。校補：上文云：「刑法之定，莫不避罪，然後求密。」

或問復讎。「古義也〔一〕。」曰：「縱復讎，可乎？」曰：「不可〔二〕。」曰：「然則如之何？」曰：「有縱有禁，有生有殺〔三〕。制之以義〔四〕，斷之以法〔五〕，是謂義法並立〔六〕。」曰：「何謂也？」曰：「依古復讎之科〔七〕，使父讎避諸異州千里，兄弟之讎避諸異郡五百里，從父、從兄弟之讎避諸異縣百里〔八〕。弗避而報者，無罪〔九〕。避而報之，殺〔一○〕。犯王禁者，罪也〔一一〕；復讎者，義也〔一二〕。以義報罪〔一三〕，從王制，順也；犯制，逆也，以逆、順生殺之。凡以公命行止者，不爲弗避〔一四〕。」

〔一〕盧校「古義也」句上補「曰」字，云：「『曰』字舊本皆脱。」校補：按上文「或問德刑並用。」常典

也」云云，雜言下「或曰辭達而已矣。聖人以文」云云，「常典」、「聖人」以下皆爲答語，於文亦

當有「曰」字，而皆未加「曰」字。此復仇謂報父兄之仇。〈新書道德説〉：「義者，理也。」凡事合

理宜行，皆謂之義。

〔二〕黃注：縱之，則人將倚法專殺，亂滋生矣。校補：縱之，謂法不禁。

〔三〕黃注：弗避而報者，無罪，所謂有縱、有生。避而報之，殺，所謂有禁、有殺。校補：避，謂官府

調和，使仇人遠避死者親屬，見下文黃注。

〔四〕黃注：據〈禮經〉則義不同天。校補：〈玉篇刀部〉：「制，斷也。」「制」與下「斷」互文，皆謂斷決。

〔五〕黃注：徵法令則殺人者死。校補：所以斷之於禮所制定之義者，以復仇之義不可忽略也；所

以斷之於法令者，以殺人者當死之法亦不可玩忽也。

〔六〕校補：「並立」，謂兼顧禮義與法令。

〔七〕校補：〈資治通鑑〉七十胡三省注：「科，律條也。」

〔八〕黃注：〈周禮調人〉：「凡和難（按謂調解仇怨），父之讎辟諸海外（按讎同讐，即仇人。辟同避），

兄弟之讎辟諸千里之外，從父兄弟之讎不同國。君之讎眡父（按眡同視，仿照），師長之讎眡兄

弟，主、友之讎眡從父兄弟。弗辟，則與之瑞節而以執之（按謂仇人不遠避，則予調人符信，捕

之以送官）。凡殺人有反殺者（按反殺，謂已報仇殺一人，又反復再殺其家人子弟），使邦國交

讐之（按謂通令各國皆得捕復仇者而誅之）。凡殺人而義者，不同國，令勿讐，讐之則死。」此古

復讐之科也。又《禮記曰：「父之讐弗與共戴天，兄弟之讐不反兵（按謂不待返回取兵器，即當

與仇人鬭），交遊之讐不同國。」又：「子夏問於孔子曰：『居父母之讐如之何？』夫子曰：『寢

苫枕干，不仕，弗與共天下也。遇諸市朝，不反兵而鬭。』曰：『請問居昆弟之讐如之何？』曰：

『仕弗與共國，銜君命而使，雖遇之，不鬭。』曰：『請問居從父昆弟之讐如之何？』曰：『不爲

魁。主人能，則執兵而陪其後。』」按：此異州乃九州之州。　校補：注「寢苫」「苫」原作「苦」，

據程本、四庫本、龍谿精舍本改。

〔九〕黃注：未避之前，但知有復讐之義而已，故報者生之。　校補：報，謂報復殺仇人。　下「避而報

之」同。

〔一〇〕黃注：既避之後，則有王禁在焉，故報者誅之。

〔一一〕校補：謂仇人避而報之，犯王禁。

〔一二〕校補：謂仇人弗避而報者，合禮義。

〔一三〕校補：按「以義報罪」，義不可通。下文云「從王制，順也」；犯制，逆也，以逆、順生殺之」，與此

文並列。以彼例此，則「以義報罪」，當作「以義、罪報之」。文當曰「犯王禁者，罪也」；復讎者，

義也，以義、罪報之」。此「報」非報復之「報」，謂決斷。後漢書孝安帝紀李賢注：「報，謂決斷

也。」蓋仇家避而報仇，則復仇者犯王禁而謂之罪；仇家不避而報仇，則復仇者不犯禁而謂之

義。故於復仇殺人者，當據其合於義抑或犯王禁而決斷有罪與否，故曰「以義、罪報之」。

〔一四〕黃注：此一首所謂避讎有科也。校補：行止，行也，猶「動靜」謂動也。上文注引周禮調人調

和民之仇難，凡仇人當遠遷於異州郡縣以避之，則死者親屬不得追尋報仇。避而報之，則有

罪。若仇家戀鄉不避，則官執之治罪。悅謂「弗避而報者，無罪」，是不避者，親屬自行報仇亦

可無罪矣。此云「凡以公命行止者，不為弗避」者，則謂若仇家奉公命而行，非其本意不避，故

親屬遇之不得報仇。禮記檀弓上云：「衛君命而使，雖遇之，不鬥。」彼「衛君命」乃謂親屬奉君

命行，雖遇仇家不鬥。與此言仇人奉命行則遇之不報，皆是不以私害公之意。按此論復仇，限

於民事。公羊傳定公四年：「父不受誅（何休注：不受誅，罪不當誅也），子復讎可也。」則君殺

無罪之臣，子亦可復仇矣。然公羊所言乃春秋事，各國之弒君亦不止於復仇一端。若秦漢以

降，天下一統，君之殺臣，即無罪，子豈得報父仇乎？至以民事論，古者父母兄弟遭人殺，子弟

雖未告官而徑行報復殺人，其情有可原，又況若父兄遭冤殺而無力告官者乎？古人最重孝

道，禮記檀弓上謂父母之仇「弗與共天下」是也。所謂大義滅親，乃一時權變，非常經。故古於

復仇之事，律禁不嚴。然子殺人復仇，人亦有子反報之，如此冤冤相報，勢將無以止之矣。是

以周制設調人，有使仇家遠徙避仇之法，故悅謂「依古復讎之科」。

或問祿。曰：「古之祿也備〔一〕，漢之祿也輕〔二〕。夫祿必稱位，一物不稱，非制

也〔三〕。公祿貶則私利生〔四〕，私利生則廉者匱而貪者豐也〔五〕。夫豐貪、生私、匱廉、

貶公，是亂也，先王重之〔六〕。」曰：「祿可增乎？」曰：「民家財惣，增之宜矣〔七〕。」或

曰：「今祿如何〔八〕？」曰：「時匱也〔九〕。祿依食，食依民，參相澹〔一〇〕。必也正貪

祿〔一一〕，省閑冗〔一二〕，與時消息，昭惠恤下，損益以度可也〔一三〕。」

注：「備，豐足也。」

〔一〕黃注：其詳見周禮、孟子、王制。校補：注「詳」原作「詩」，據程本、四庫本改。荀子禮論楊倞

〔二〕黃注：漢制，祿秩自中二千石至百石各有等差。

〔三〕校補：謂俸祿必與職位相稱，有一事不稱，則制度非當也。

〔四〕黃注：言月俸貶損，則賄賂行矣。

〔五〕黃注：潔白者窶貧，汙墨者富羨。校補：注「羨」原作「美」，據程本、四庫本、龍谿精舍本改。以上二句，程本、四庫本作「公生貶則私利生，私利祿則廉者匱而貪者豐也」，上句「祿」字與下句「生」字互誤。王本下句亦誤作「私利祿則廉者匱而貪者豐也」。

〔六〕校補：重之，謂慎防官吏因俸薄而貪私致亂。

〔七〕校補：愍通衍。左傳昭公二十一年「豐愍」，釋文：「愍，本或作衍。」荀子賦「暴人衍矣」，楊倞注：「衍，饒也。」謂百姓饒足，則宜增俸祿。蓋祿之厚賴食之豐，食之豐賴民之富，相依而足也。下文曰：「祿依食，食依民，參相澹。」

〔八〕黃注：今，謂獻帝時。

〔九〕校補：匱，指民匱乏。言時下百姓匱乏，不宜增祿。

〔一〇〕黃注：澹，古「贍」字，給也。即漢書「猶未足以澹其欲」及「以澹不足」之「澹」。此言民以給食，食以給祿，所謂參相贍也。

〔一一〕黃注：黜汙吏。校補：按「貪祿」猶言戀棧，本謂貪戀祿位，此指徇私之墨吏。

〔一二〕黃注：汰羨官。校補：冗，「冘」之俗體。說文冖部：「冘，㪔（散）也。」閑冘，謂閑散多餘之官。

〔三〕黃注：此一首所謂議禄也。校補：「與時消息」，謂因時宜增減，參本篇前注。此承「省閑冗」

言，謂官職多寡因時宜而設。左傳定公四年杜預注：「昭，顯也。」「昭惠」即示恩。上云「食依

民」，故當施惠以恤民。度音徒落切，測度也。「損益以度」，謂審度時勢以損益俸禄。

諸侯不專封。富人名田踰限，富過公侯，是自封也。大夫不專地。人賣買由

己，是專地也〔一〕。「然則如之何？」曰：「復井田與〔二〕？」曰：「否。專地非古也，井田非今

也〔三〕。」「耕而勿有，以俟制度可也〔四〕。」

〔一〕黃注：董仲舒説武帝曰：「秦用商鞅之法，改帝王之制，除井田，民得賣買，富者田連仟伯（按

仟伯同阡陌），貧者亡立錐之地。又潁川澤之地（按潁、專古今字），管山林之饒，荒淫越制，踰

侈以相高，邑有人君之尊，里有公侯之富，小民安得不困？古井田法雖難卒行，宜少近古，限

民名田，以澹不足。」至哀帝時師丹建言：「累世承平，豪富吏民訾數鉅萬，而貧弱愈困，宜略爲

限。」丞相孔光、大司空何武奏請：「諸侯王、列侯皆得名田國中。列侯在長安、公主名田縣道，

及關内侯、吏民名田皆毋過三十頃。」時丁、傅用事，董賢隆貴，皆不便也。後遂寢不行。校補：

注「限民名田」，「名」原作「各」，據程本、四庫本改。注所引見漢書食貨志上。廣雅釋言：

「專，擅也。」大戴禮子張問入官盧辯注：「專，謂自納於己。」專謂專擅、專有。公羊傳僖公元

年：「諸侯之義，不得專封也。」專封謂擅自分封。漢書食貨志上顏師古注：「名田，占田也。

各爲立限，不使富者過制，則貧弱之家可足也。」名田即名下所屬之田。富人無爵位，而名田過

制，富過公侯，是猶自封爲王侯也，故曰「是自封也」。卿大夫因官食采地，不得擅自專有地權。

乃今人之買賣田地由己，是猶專有其地也，故曰「專地」。按前漢紀八孝文皇帝紀下悅言曰：

「春秋之義，諸侯不得專封，大夫不得專地。今豪民占田或至數百千頃，富過王侯，是自專封

也。買賣由己，是自專地也。」與此文正同，皆謂當制止富豪佔地無限。

〔二〕校補：井田相傳爲周制。一井之地九百畝，公家之田百畝居中，周邊則八家之私田各百畝，其

形如「井」字，故曰「井田」，見孟子滕文公上。按井田之制，耕者地畝有定數。今富人佔地逾

制，故或問可復井田之制否。「與」同「歟」。

〔三〕黃注：言專地固非隆古之典，而井田廢久，又非今所可行。校補：按前漢紀八孝文皇帝紀下

悅言曰：「井田之法，宜以口數占田，爲立科限，民得耕種，不得買賣，以贍民弱，以防兼併，且

爲制度張本，不亦宜乎？雖古今異制，損益隨時，然紀綱大略，其致一也。」是悅以爲井田非今

所能行者，謂其具體之制度不能依樣行之。至於井田禁佔地不均，則古今一致也。故曰「雖古

今異制，損益隨時，然紀綱大略，其致一也」。

〔四〕黃注：耕而勿有，不得賣買由己。以俟制度，不得踰限也。此一首所謂議專地也。校補：〈禮〉〈記坊記〉鄭玄注：「有，專也。」有即專有。勿有，謂無地權，故注云「不得賣買由己」。按土地得以擅自買賣，則貧賤者迫於生計而賣，而權富者乘人之困而買，是豪富兼併日盛一日，故〈悦〉以爲耕者不得專有其地而擅自買賣。俟、竢古通。〈說文立部〉：「竢，待也。」〈玉篇人部〉：「俟，候也。」制度，制定法度也。言先使耕者不得自由買賣田地，而後待制定法度以限田。

或問貨〔一〕。曰：「五銖之制宜矣〔二〕。」曰：「今廢，如之何〔三〕？」曰：「海內既平，行之而已〔四〕。」曰：「錢散矣，京畿虛矣〔五〕，其勢必積於遠方。若果行之，則彼以無用之錢市吾有用之物，是匱近而豐遠也〔六〕。」曰：「事勢有不得。官之所急者，穀也。牛馬之禁，不得出百里之外。若其他物，彼以其錢取之於左，用之於右，貿遷有無，周而通之，海內一家，何患焉〔七〕？」曰：「錢寡矣。」曰：「錢寡，民易矣。若錢既通而不周於用，然後官鑄而補之〔八〕。」或曰：「收民之藏錢者輸之官，收遠輸之京師〔九〕，然後行之。」曰：「事枉而難實者，欺慢必衆，姦偽必作，爭訟必繁，刑殺必深，吁嗟紛擾之聲章乎天下矣，非所以撫遺民、成緝熙也〔一〇〕。」曰：「然則收而積之與？」曰：「通市其可也〔二〕。」或曰：「改鑄四銖。」

之？」曰：「錢實便於事用〔三〕，民樂行之，禁之難。今開難令以絕便事，禁民所樂，

不茂矣〔四〕？」曰：「起而行之，錢不可，如之何〔五〕？」曰：「尚之、廢之弗得已，何憂

焉〔六〕？」

〔一〕校補：貨，錢幣。周禮秋官職金鄭玄注：「貨，泉貝也（按泉同錢）。」

〔二〕黃注：太公為周立九府圜法，錢圜函方，輕重以銖。至漢孝武元狩五年，初鑄五銖錢。至平帝

元始中，成錢二百八十億萬餘。王莽居攝，變漢制，於是更造大錢，重十二銖，文曰「大錢五

十」。又造契刀、錯刀，與五銖凡四品，並行。莽即真，乃罷契刀、錯刀及五銖，更造錢貨六品。

而民便五銖，私相市買。莽下詔：「敢非井田、挾五銖錢者為惑眾，投諸四裔，以御魑魅。」於是

農商失業，食貨俱廢。世祖受命，復五銖錢，與天下更始。觀此，則五銖之制宜便於民久矣。

校補：注「重十二銖」「二」原作「二」，據程本、四庫本、龍谿精舍本改，與漢書食貨志下合。

又「文曰『大錢五十』」「文」，程本、四庫本作「又」，誤。漢書律曆志上：「二十四銖為兩，十六

兩為斤。」一銖重二十四分之一兩。校補：獻帝初平元年，

〔三〕黃注：今，謂獻帝時。廢者，初平元年董卓壞五銖錢，更鑄小錢是也。

袁術等山東州郡討董卓，卓挾帝遷都長安，乃壞五銖錢，更鑄小錢，粗劣不便用。又取洛陽、長安銅人銅馬之屬，悉充鑄錢用，於是錢賤穀貴，至一石數萬。見後漢書孝靈帝紀、董卓列傳。

〔四〕黃注：言卓既誅，此制宜復。校補：初平三年，司徒王允與呂布等刺殺董卓。見後漢書董卓列傳。

〔五〕黃注：（「畿」）一作「甸」。校補：文選魏都賦六臣注引呂延濟曰：「近國之地曰畿（按國謂國都）。」京畿，京城及京城附近轄地。

〔六〕黃注：曰散，曰虛，曰積，曰無用之錢，皆言五銖。彼，謂遠方也。校補：五銖錢既廢，京畿久不通用，而錢勢必遠散在四方。今如復用，則彼遠地以已廢而不用之錢，買我有用之物，物必外流，是京畿物匱而四方財豐也。

〔七〕黃注：言五穀不得及遠，他物以五銖貿遷，不足以匱近爲患也。校補：注「他物以五銖貿遷」，「五」，原作「正」，據程本、四庫本改。「事有不得」「不得」謂不得已。下文「尚之、廢之弗得已」，不得亦即弗得已。此答或問「匱近而豐遠」，謂此乃事勢有不得已者，而官家之所急在穀物，且禁農畜不得流出百里之外耳。若論他物，則彼以錢購之於此地，用之於彼地，有餘、不足互爲貿易販運，貨幣、財物周通不息，海內一家，何此匱彼豐是患耶？資治通鑑百六十三「貿遷有無」，胡三省注：「貿，易也。遷，徙也。徙有之無，以相貿易。」「貿遷」亦猶貿易。

〔八〕黃注：言五銖由廢故易，由易故寡。不足，官鑄以贍可也。 校補：慧琳一切經音義十一引考

聲云：「易，換也。」謂五銖錢寡者，未廢時民以物換之矣。今錢廢，則錢藏於民，非真寡也。若

錢通行而果不足於用，然後官鑄而補之可也。

〔九〕校補：「收遠」，「收」原作「牧」，盧校改「收」，錢校從之。按龍谿精舍本作「收」，今據改。

〔一〇〕黃注：此言遠收五銖於京師而後行之，騷動不可。 校補：注「騷動不可」，「騷」原作「驗」，據

程本、四庫本、龍谿精舍本改。「難實」，難以成實，謂事難成也。「欺慢」，慢通謾，說文言部：

「謾，欺也。」「章乎天下矣」，章同彰。 「遺民」，兵亂後留遺之民。詩大雅文王毛傳：「緝熙，光

明也。」官先收民所藏之五銖錢，聚之京師，而後復行五銖，則以所收之廢錢轉爲真錢，此詐也。

「事枉而難實者」云云八句，謂其事枉於理而難成，故行之必興欺詐姦僞，必起争口訟訴，則刑

罰殺戮必重，怨嗟紛擾之聲彰聞天下矣。 此非所以安撫劫餘之民、成就光大之業者。

〔一一〕黃注：此言收五銖積貯亦不可。 校補：謂錢不可積，通行於市乃可。

〔一二〕黃注：此言改鑄四銖，以復孝文之舊，亦不可。 校補：史記平準書：「至孝文時，莢錢益多（按

莢錢重三銖），輕，乃更鑄四銖錢。」

〔三〕校補：「事用」即使用。國語魯語下韋昭注：「事，使也。」墨子尚賢上「不能以尚賢事能爲

政」「事能」即使能。

〔四〕黃注：此言廢五銖以絕民所便，禁民所樂，亦不可。　校補：「開難令」，猶言出難行之令，謂廢

五銖錢。不茂，謂事不能興。

〔五〕校補：謂今興行五銖，錢若不可行，爲之奈何。

〔六〕黃注：言或尚或廢，其勢自有所不得已者。蓋民便五銖，不得而終廢之，不憂其不行也。厥後

曹操爲相，還用五銖，悅之言驗矣。此一首所謂議錢貨也。　校補：按悅作申鑒，在建安十年，

見後漢紀二十九。曹爲相在建安十三年，故注謂「厥後」云云。通典八云：曹爲相「還用五銖。

是時不鑄錢既久，貨本不多（按貨，幣也），又更無增益，故穀賤而已（按故同顧，但也）」。魏文

帝黃初二年，以穀貴罷五銖錢。至明帝太和元年復行五銖，由是至晉沿用無改。見三國志魏

書、通典八。

聖王先成民而後致力於神〔一〕。民事未定〔二〕，郡祀有闕，不爲尤矣〔三〕。必也舉

其重而祀之，望祀五嶽、四瀆〔四〕。其神之祀，縣有舊常〔五〕。若今郡祀之，而其祀禮

物從鮮可也〔六〕。禮重本，示民不偷，且昭典物，其備物以豐年〔七〕。日月之災降異，

非舊也〔八〕。

〔一〕黃注：「東觀書詔：「傳曰：聖王先成民而後致力於神。」校補：「成民」，成就民事。

〔二〕黃注：謂有日月水旱癘疫之災。

〔三〕校補：闕同缺。玉篇乙部：「尤，過也。」

〔四〕校補：此承上「郡祀有闕，不為尤」言之，謂民事未治定，郡缺祀不為過，若郡欲祀，則必舉其要者祀之，望祀五嶽、四瀆可也。廣雅釋天：「望，祭也。」王念孫疏證：「望者，遙祭之名。」書舜典「望于山川」，偽孔傳：「九州名山大川、五岳四瀆之屬，皆一時望祭之。」嶽、岳同。文選吳都賦六臣注引李周翰曰：「瀆，大水之通稱也。」

〔五〕黃注：五嶽，岱、衡、華、恆、嵩也。四瀆，江、河、淮、濟也。按漢制，岱宗廟在博縣西北三十里，山虞長守之。十月日合凍，臘月日涸凍，正月日解凍，皆太守自侍祠，法七十萬五千三牲，燔柴，上福脯三十胊，縣次傳送京師。衡廟在廬江灊縣，華廟在弘農華陰縣，恆廟在中山上曲陽縣，嵩廟在潁川陽城縣，皆同禮。河廟在河南滎陽縣。河隄謁者掌四瀆，禮祠與五嶽同。江廟在廣陵江都縣，淮廟在平氏縣，濟廟在東郡臨邑縣。所謂「其神之祀，縣有舊常」也。校補：按黃乃節引風俗通義山澤。注「陽城縣」「城」原作「成」，據四庫本改，與山澤合。注「十月日合

凍」，盧文弨輩書拾補風俗通義校「日」當作「曰」，是，下並同。又注「法七十萬五千三牲」句不

可解，然山澤原文如此，疑有誤。山澤此句上原又有「若有穢疾，代行事」七字。「其神」指五

嶽、四瀆之地神。國語越語下韋昭注：「常，舊法也。」云縣有舊法者，即注所引博縣之岱宗廟、

平氏縣之淮廟等，謂祭祀五嶽、四瀆之神，舊法諸相應之縣本有其廟以行祭祀。

〔六〕

黃注：言嶽、瀆之祀雖曰縣有常典，但民事未定，望祀可也。若必郡祀，則禮物宜從省略。校

補：鮮音息淺切。爾雅釋詁：「鮮，寡也。」按注未晰，此謂禮祀五嶽、四瀆，各縣自有舊典常

法。今若郡行望祀，其祀禮用物宜從簡。

〔七〕

校補：禮，祀禮也。禮之本義謂敬神，說文示部：「禮，履也，所以事神致福也。」重本，重農也。

禮記表記鄭玄注：「偷，苟且也。」典物即典故，典章成例也。後漢書宦者傳「加漸染朝事，頗識

典物」，書叙指南一引之，釋曰：「朝儀典故，曰朝事典物。」謂禮神者，所以重農桑之本，示民不

苟且於務農，且昭彰朝廷典章之成例，以豐年而備足祭祀之物。

〔八〕

黃注：此一首所謂約祀舉重也。孫校：（「日月之災降異，非舊也」）此與本章郡祀之義不相

應，當在下條之首，而誤著於此。下文云「天人之應，所由來漸矣」，與此二語文正相承慣。校

補：按孫謂二句不屬本首，説近是。唯此二句文亦不順，疑當作「日月之降災異，非舊也」，今

本「降災」誤倒作「災降」。「降災異」如日食、月食是,然「非舊也」仍不可解。下條「天人之應,所由來漸矣」云云,與下文一貫,今若著此二句於其前,文意反晦。孫謂下條之首與此二句文正相承慣,未必是。此當闕疑,不可強說。

天人之應,所由來漸矣〔一〕。故履霜堅冰,非一時也〔二〕;仲尼之禱非一朝也〔三〕。且日食行事,或稠或曠,一年二交,非其常也〔四〕。洪範傳云「六沴作見」〔五〕,若是王都未見之,無聞焉爾〔六〕。官脩其方,而先王之禮,保章、視祲〔七〕,安宅敘降,必書雲物,爲備故也〔八〕。太史上事無隱焉,勿寢可也〔九〕。

〔一〕校補:謂人事之善惡與天之吉凶相感應,其報應由來有漸,非一時所致。

〔二〕黃注:坤初六曰:「履霜,堅冰至。」校補:注引易坤卦文,謂履踐地霜,則寒氣已來,寒微而積漸,則堅冰終至,參孔穎達疏。此喻事有所由來,乃積漸而成之,非一時突至。後漢書宦者列傳:「易曰:『履霜,堅冰至』,云所從來久矣。今迹其所以,亦豈一朝一夕哉?」李賢注:「其所由來者漸矣,由辨之不早辨也。」

〔三〕校補:論語述而:「子疾病,子路請禱(集解引包咸曰:禱,禱請於鬼神)。子曰:『有諸(集解引周生烈曰:言有此禱請於鬼神之事乎)?』子路對曰:『有之。誄曰:禱爾于上下神祇

（集解引孔安國曰：誄，禱篇名也）。』子曰：『丘之禱久矣（集解引孔安國曰：孔子素行合於

神明，故曰丘之禱久矣）。』按謂人平素行善，神明在上知之，是猶禱於神明，不待有疾病乃始

禱請鬼神也。悦引此者，意謂平日不敬事愛民，及至災難之日乃始禱請鬼神，則無益於事。

〔四〕校補：按此文義晦。玩上文舉「履霜堅冰」、「仲尼之禱」爲喻，則此蓋亦以事爲喻。日食，日食

三餐，即人之日常也。行事，蓋謂行男女之事。謂男女日常之交合，有密有疏，今一年始交合

二次，非常情。蓋謂少子嗣。此喻忽其因而求得果，無補於事也。

〔五〕校補：玉篇水部：「相傷謂之沴。」漢書谷永傳顏師古注：「沴，災氣也。」説文人部：「作，起

也。」見、現古今字。「六沴作見」，謂六災出現。洪範傳即伏生尚書大傳之洪範五行傳，其文

曰：「若六沴作見，若是共禦（鄭玄注：「若者順也。共讀曰恭。禦，止也。」按謂帝順其災情恭

已以止災），帝用不差（按謂帝行事無差錯），神則不怒，五福乃降，用章于下（鄭玄注：「降，下

也。章，明也）。」皮錫瑞尚書大傳疏證略云：「漢書五行志曰：『野木生朝，野鳥入廟，敗亡之

異也。武丁恐駭，謀於忠賢，修德而正事，内舉傅説，授以國政，外伐鬼方，以安諸夏。故能攘

木鳥之妖（按攘同禳，去災），致百年之壽。所謂「六沴作見，若是共禦，五福廼降，用章于下」者

也。』漢志引傳文，爲攘災致福之應。漢時齊學多言災異，皆通天人之故。六沴，即下云金沴

木,木沴金,沴水火,沴火水,木金水火沴土。」

〔六〕校補:意謂天示六沴災異之象以預警(如漢書五行志所謂雜樹生於朝宮,野鳥飛入廟堂之

類),若王全都不見,不敬修政事,及至災難至,則未聞有攘災致福之應也。

〔七〕校補:「視」,周禮作「眡」,古文「視」。

〔八〕黄注:周禮保章氏:「掌天星,以志星辰日月之變動,以觀天下之遷,辨其吉凶。以星土辨九

州之地,所封封域皆有分星,以觀妖祥。以十有二歲之相,觀天下之妖祥。以五雲之物,辨吉

凶水旱降豐荒之祲象。以十有二風,察天地之和,命乖別之妖祥。凡此五物者,以詔救政,訪

序事。」又眡祲:「掌十煇之法,以觀妖祥,辨吉凶。一曰祲,二曰象,三曰鑴,四曰監,五曰闇,

六曰瞢,七曰彌,八曰敘,九曰隮,十曰想。掌安宅敘降。」鄭氏曰:「宅,居也。降,下也。人見

妖祥則不安,主安其居處也。次序其凶禍所下,謂禳移之。」校補:注「以十有二風」,「二」原

損壞作「一」,據程本、四庫本、龍谿精舍本改。左傳昭公二十九年:「夫物,物有其官,官脩其

方。」杜預注:「方,法術。」謂凡事物皆有官掌管之,官則修治其奉職之術。此云「官脩其方」,

指保章氏、眡祲之奉職而言。「先王之禮」,指周禮。周禮春官保章氏、眡祲之職,皆掌觀星辰

雲氣之天象,以預辨吉凶災異。云「安宅敘降」者,黄注引鄭玄注:「宅,居也。降,下也。人見

妖祥則不安，主安其居處也。　次序其凶禍所下，謂攘移之。」孫詒讓周禮正義云：「次序推其凶禍所下之地。可攘者攘卻之，不可攘者則令移徙以就吉。」按「安宅叙降」乃倒言，即「叙降安宅」，謂依次安置災象所降之地，使民各得安居。　云「必書雲物，爲備故也」者，注引周禮保章氏云「以五雲之物，辨吉凶水旱降豐荒之祲象（按祲象，吉凶之兆象）」，鄭玄注：「物，色也。視日旁雲氣之色。降，下也。知水旱所下之國。」雲物即日旁雲氣之色。　鄭注又引鄭司農云：「雲物，氣色災變也。」素察妖祥（按素，平日），逆爲之備（按逆，謂預先）。」安宅叙降，必書雲「青爲蟲，白爲喪，赤爲兵荒，黑爲水，黃爲豐。」左傳僖公五年「必書雲物，爲備故也」，杜預注：物，乃保章氏、眂祲之職，所謂「官脩其方」也。

〔九〕黃注：百官志：「太史令掌天時、星曆，凡歲將終，奏新年曆。凡國祭祀、喪娶，掌奏良日及時節禁忌。凡國有瑞應、災異，掌記之。靈臺丞掌守靈臺，候日月星氣，屬太史。」漢官曰：「靈臺待詔四十二人，其十四人候星，二人候日，三人候風，十二人候氣，三人候晷景，七人候鍾律。一人舍人。」此一首所謂天人之應也。　校補：漢太史令，古稱太史（本爲記事之官）。太史令掌天時、星曆，及記國之瑞應、災異。　資治通鑑三十五「寢置臣莽」，李賢注：「寢，舍也（按舍同捨）。」謂太史令上奏無隱匿，勿擱置不奏可也。　按悦此首之意，就天人相應爲説，謂國家生災變，其由來有漸，故人主於天象示警，當敬修政事。若平日無睹天之儆戒，及至災變已生，則祈禱鬼神無補於事。故舉履霜、丘禱、男女交合三事爲例，諷人主當素有作爲，勿臨急祈禱鬼神也。又舉古之保章氏、眂祲及漢之太史令，謂古今皆重天象之異，預事安民。

天子南面聽天下，嚮明而治，蓋取諸離〔一〕，天之道也〔二〕。月正聽朝，國家之大事也〔三〕。宜正其儀，以明舊典。

〔一〕黃注：易繫辭：「離也者，明也。萬物皆相見，南方之卦也。聖人南面而聽天下，嚮明而治，蓋取諸此也。」校補：按注引易爲說卦文。戰國策秦策五「皆西面而望」高誘注：「面，向也。」南面，坐北向南。呂氏春秋士容高誘注：「南面，君位也。」公羊傳昭公十九年何休注：「聽，治也。」

〔二〕云「嚮明而治，蓋取諸離」者，說卦又云：「離爲火，爲日。」

〔三〕黃注：禮儀志：「每月朔歲首，爲大朝受賀。其儀：夜漏未盡七刻，鐘鳴，受賀。及贄，公、侯璧，中二千石、二千石羔，千石、六百石鴈，四百石以下雉。百官賀正月，二千石以上上殿稱萬歲，舉觴御坐前。司空奉羹，大司農奉飯，奏食舉樂。百官受賜宴享，大作樂。其每朔，惟十月旦從故事者，高祖定秦之月，元年歲首也。」校補：注「每月朔歲首」，盧文弨羣書拾補續漢書禮儀志中據通典七十改「每歲首正月」。書舜典僞孔傳：「月正，正月。」此「聽朝」非謂臨朝聽政，乃指每歲正月元日，羣臣朝覲天子慶賀。故注引續漢書禮儀志中朝賀之贄獻、賜宴諸儀制。

〔三〕黃注：漢舊儀，公卿以下每月常朝，後以頻省，唯六月、十月朔。後復以六月盛暑，省之。其儀不舉久矣。此一首所謂月正聽朝也。校補：按注所云漢舊儀云云，乃據續漢書禮儀志中李賢注引胡廣答蔡邕所問漢之舊儀制。李注引「唯六月、十月朔」下原文有「朝」字，是，此脱。「宜正其儀」，謂宜定此儀制。周禮天官宰夫鄭玄注：「正，猶定也。」按天子大朝受賀之禮，不舉已久，悅議當定其制以彰舊典者，蓋其時曹操秉政，故欲藉此以尊天子耳。然獻帝已如泥塑木雕，即依悅意行之，又復何如也？適見此議之迂耳。

古有掌陰陽之禮之官〔一〕，以教後宮〔二〕，掌婦學之法，婦德、婦言、〔三〕婦功〔四〕，各率其屬而以時御序于王，先王禮也〔五〕。宜崇其教，以先內政〔六〕。覽列圖，誦列傳，遵典行〔七〕。內史執其彤管，記善書過，考行黜陟，以章好惡〔八〕。男女正位乎外內，正家而天下定矣〔九〕。故二儀立而大業成〔一〇〕。君子之道匪闕，終日造次必於是〔一一〕。

〔一〕盧校：舊本「陰」下有「陽之」二字，係誤衍。案周禮內宰「以陰禮教六宮，以陰禮教九嬪」，注：「陰禮，婦人之禮也。」校補：按盧說近是。地官大司徒鄭玄注：「陽禮，謂鄉射飲酒禮

也。俞樾羣經平議謂陰禮爲婦人之禮，陽禮爲男子之禮。鄉射、飲酒、純乎男子之事，而婦人

不與，故曰陽禮。此文乃言教後宮之禮，當祇云陰禮。

〔二〕黃注：周禮內宰：「以陰禮教六宮，以陰禮教九嬪，以婦職之法教九御。」校補：禮記昏義：

「古者天子后立六宮，三夫人、九嬪、二十七世婦、八十一御妻。」鄭玄注：「三夫人以下百二十

人，周制也。」按自「夫人」以下，皆姬妾之稱號。此云「後宮」，統指后與衆姬妾。

〔三〕黃注：按此（「婦言」下）當有「婦容」二字。

〔四〕黃注：周禮九嬪：「掌婦學之法以教九御，婦德、婦言、婦容、婦功，各帥其屬而以時御叙于王

所。」鄭氏曰：「婦德謂貞順，婦言謂辭令，婦容謂婉娩，婦功謂絲枲也。」校補：鄭玄注云「婦德

謂貞順」，貞順謂貞節柔順。云「婦言謂辭令」，辭令謂善爲應對。云「婦容謂婉娩」，婉娩謂儀

容媚嫵。廣韻上聲二十阮：「娩，婉娩，媚也。」云「婦功謂絲枲」，絲枲即絲麻，指刺繡織紝之

事，女功也。

〔五〕校補：「御序」，即九嬪之「御叙」，鄭玄注：「御猶進也，勸也，進勸王息，亦相次叙。」按進勸王

息，即侍寢也。謂各率其屬從，以時依次侍寢於王。「先王禮」謂周之禮也。

〔六〕校補：教，教陰禮、婦學之法。周禮夏官大司馬鄭玄注：「先，猶道也。」道、導古今字。周禮天

〈官〉女史「以詔后治內政」，內政即後宮之行政事務。謂宜崇重婦人之教，以導後宮之政。

〔七〕校補：列傳，謂經史書籍所載婦人事跡之傳記，有關婦德者。列圖，謂以其事跡圖畫爲像。〈漢書劉向傳〉：「向以爲王教由內及外，自近者始，故採取詩書所載賢妃貞婦興國顯家可法則，及孽嬖亂亡者，序次爲列女傳，凡八篇。」所謂「誦列傳」，即誦讀列女傳之類。初學記二十五引劉向七略別錄云：「臣向與黃門侍郎歆所校列女傳，種類相從，爲七篇，以著禍福榮辱之效，是非得失之分，畫之於屏風四堵。」所謂「覽列圖」，亦即其類也。爾雅釋詁：「典，常也。」行讀去聲。「遵典行」，謂遵行婦人常守之品行。

〔八〕校補：按：「内史」，當作「女史」。周制，内史掌王八枋之法（枋同柄），乃掌書王之册命官爵者，見周禮春官。女史則掌王后之禮職，見周禮天官。詩邶風靜女「貽我彤管」，毛傳：「古者后、夫人必有女史彤管之灋，史不記過，其罪殺之。」鄭玄箋：「彤管，筆赤管也。」是女史以赤管之筆記王后、諸侯夫人之事，女史不記后、夫人之過，則有罪，殺之。故曰「記善書過」，謂善與過皆書之也；又曰「考行黜陟」，謂據女史之記以考后、夫人之品行，不善者黜退之，善者陟升之也；又曰「以章好惡」，章通彰，謂懲過獎善，彰顯於眾也。太平御覽百四十五引毛詩義疏亦曰：「女史彤管，法如國史，記后、夫人之過。人君有柱下史，后有女史，外内各有官也。」是知此「內史」當作「女史」。

〔九〕黃注：易家人曰：「女正位乎內，男正位乎外。男女正，天地之大義也。」又曰：「正家而天下定矣。」

〔一〇〕校補：詩邶風柏舟毛傳：「儀，匹也。」儀謂匹配。上文曰「男女正位乎外內」，男女陰陽兩相配，故曰「二儀立」。

〔一一〕黃注：此一首所謂崇內教也。校補：匪、非、闕、缺，字並通。論語里仁「君子無終食之間違仁，造次必於是」，孔穎達疏引鄭玄云：「造次，倉促也。」此謂君子於道終日不缺，雖倉促之間必不違道。按此與上文不相貫，疑是錯簡，或文有脫。

備博士〔一〕，廣太學〔二〕，而祀孔子焉，禮也〔三〕。仲尼作經，本一而已〔四〕。古、今文不同，而皆自謂真本經〔五〕。古今先師，義一而已。異家別說不同，而皆自謂古、今〔六〕。仲尼邈而靡質〔七〕，昔先師歿而無聞〔八〕，將誰使折之者〔九〕？秦之滅學也，書藏於屋壁，義絕於朝野〔一〇〕。逮至漢興，收摭散滯，固已無全學矣〔一一〕。文有磨滅，言有楚夏，出有先後〔一二〕。或學者先意有所借定〔一三〕，後進相放，彌以滋蔓〔一四〕。故一源十流，天水違行，而訟者紛如也〔五〕。執不俱是〔六〕，比而論之，必有可參者焉〔七〕。

〔一〕黃注：博士，秦官，掌通古今。武帝建元初置五經博士，黃龍初稍增員十二人。後漢百官志：
「博士祭酒」一人，博士十四人，掌易四，施、孟、梁丘、京氏；尚書三，歐陽、大小夏侯氏；詩三，
魯、齊、韓氏；禮二，大小戴氏；春秋二，公羊嚴、顏氏。掌教弟子。國有疑事，掌承問對。」

〔二〕黃注：辟雍也。校補：太學即大學，天子設於京師之學校，亦曰辟雍。禮記王制：「天子命之
教，然後為學。小學在公宮南之左，大學在郊。天子曰辟廱，諸侯曰頖宮。」此殷制。孔穎達
疏：「周則大學在國（按國謂國都），小學在四郊。」漢書禮樂志：「古之王者莫不以教化為大
務，立大學以教於國。」

〔三〕校補：禮，釋菜之禮也。古者學子入學，以蘋蘩祭祀先聖先師，謂之釋菜。周禮春官大胥：
「春入學，舍采合舞。」鄭玄注：「舍即釋也。采讀為菜。始入學必釋菜，禮先師也。菜，蘋蘩
之屬。」

〔四〕校補：謂孔子作經，其本僅一而已，無異本也，故下文云「古今先師，義一而已」。

〔五〕黃注：各謂真傳。校補：古、今文，古文經與今文經。漢之經書以通行之隸書寫之，後以「古
文經」出，因稱「今文經」。武帝末，魯共王壞孔子宅，於壁中得古篆所書之經書（即所謂「科斗

〔六〕黃注：此處有誤。錢校：疑「古」字下有脫字，而「今」字當屬下爲句，謂今世無仲尼也。「今仲尼」與「昔先師」爲對，姑留以俟考。校補：按錢說似未安。「今古」仍當屬上爲句。謂古文經與今文經之先師，其說經之義本皆同，蓋孔子作經，其本一也。後世異其家派，別其經說，而皆自謂師承古文經、今文經之說也。

〔七〕黃注：大聖已逝，經無所質。校補：方言：「遯，離也。」詩邶風泉水毛傳：「靡，無也。」資治通鑑百七十三胡三省注：「質，證也，驗也。」

〔八〕黃注：老師已喪，義無所聞。校補：「聞」，原作「間」，據王本、龍谿精舍本改。注改同。

〔九〕校補：論語顏淵邢昺疏：「折，猶決斷也。」

〔一〇〕黃注：孔安國書序：「秦始皇滅先代典籍，焚書坑儒，天下學士逃難解散。我先人用藏其書于屋壁。」校補：注「天下」「天」原作「夫」，據程本、四庫本、龍谿精舍本改。注引孔安國書序，乃魏晉間人僞造，悦卒於建安十四年，非據僞孔序爲說。書藏孔壁事，見漢書藝文志、景十三王傳及劉歆傳。「義絕於朝野」謂始皇焚書，朝廷民間皆不聞經義。

〔一一〕黃注：藝文志：「漢興，大收篇籍，廣開獻書之路。迄孝武世，書缺簡脱，禮壞樂崩。」校補：注

「禮壞」、「壞」原作「懷」，據程本、四庫本、龍谿精舍本改。撫，說文「拓」之或體，云：「拾也。」

散滯，散謂竹帛之散失者，滯謂竹帛之沈滯未行世者。無全學，謂經文與經說已不全也。

〔二〕黃注：如文帝時伏生口誦尚書以授晁錯，僅得二十九篇。至魯恭王壞孔子宅，得所藏科斗文字，定其可知者增多伏生二十五篇，此出有先後之類也。校補：「言有楚夏」謂楚地與中原方言不同。古人傳經多口授，因方音不同而每有誤也。史記鼂錯列傳：「孝文帝時，天下無治尚書者，獨聞濟南伏生故秦博士，治尚書。年九十餘，老不可徵，乃詔太常使人往受之，太常遣錯受尚書伏生所。」正義引衛宏詔定古文尚書序云：「徵之，老不能行，遣太常掌故鼂錯往讀之。年九十餘，不能正言（按謂口齒不清），言不可曉，使其女傳言教錯。齊人語多與潁川異，錯所不知者凡十二三，略以其意屬讀而已也。」此亦因方音不同而口傳有誤之事例。

〔三〕黃注：無所徵據，臆見損益。

〔四〕校補：禮記祭義「先意承志，諭父母於道」，孔穎達疏：「先意，謂父母將欲發意，孝子則預前逆知父母之意而為之，是先意也。」按先意本謂揣摩人意，此文則指揣摩經義。說文人部：「借，假也。」借定猶今言「假定」。論語先進邢昺疏：「後進，謂後輩仕進之人也。」廣雅釋詁：「放，效也。」放通仿。呂氏春秋節喪高誘注：「彌，猶益也。」謂學者解經無依據，但揣摩之而有所假定，後學相互仿效，遂致經解之臆說益以滋蔓也。下文曰「故一源十流，天水違行」是。

〔五〕黃注：易訟曰：「天與水違行。」此以天上、水下相違而行，喻學者所傳背戾，互相争是也。校

補：注「互相争是也」，「互」原作「玄」，據程本、四庫本、龍谿精舍本改。「一源」、「十

流」，經解歧出也。「天水違行」，易訟孔穎達疏：「天道西轉，水流東注，是天與水相違而行。」

按此喻經、説互異。

〔六〕孫校：「執」，當作「執」，即古「勢」字。此言經師聚訟，勢無兩是，當參定之耳。校補：丹鉛總

錄十一引作「勢不俱是」，可作孫校之例證。今謂「執」者，各執一端，「不俱是」者，謂互有是

非也。原文亦可通，説詳下注。悦書用詞每簡約生硬，至有讀之不順者，此仿法言之失也。

〔七〕黃注：此一首所謂備博士也。校補：玉篇幸部：「執，守也。」莊子人間世「將執而不化」，郭象

注：「故守其本意也（按故通固）。」墨子經上「服、執、説」，孫詒讓閒詁云：「執，謂言相持而不

服。」此謂今文經與古文經之經説各執一端，互有是非，不俱是，然比照而討論之，必有可參用

者。按先秦通行古篆，本無所謂古文經，漢以後通行隸書，本亦無所謂今文經。其後先秦古

本出，漢儒遂有今文、古文之稱及今文學、古文學之名。然今文經自漢初已為官學，立博士，故

争議尚不起也。哀帝時，劉向子歆欲立古文經於學官，今文博士阻之，歆遂移書太常博士責

之，謂治今文學者「不思廢絕之闕，苟因陋就寡，分文析字，煩言碎辭，學者罷老且不能究其一藝」；「保殘守缺，挾恐見破之私意，而無從善服義之公心。或懷妒嫉，不考情實，雷同相從，隨聲是非」，言辭激切，羣儒皆怨恨，是爲今、古文相爭之濫觴也。究其實，漢儒今、古文之爭不過藉解經以抒發己之政見，且立於學官，可食博士之禄耳。平帝時王莽持政，莽好古文，古文遂立於學官。至後漢初又廢古文，然治古文學者已日衆。其後今、古文之爭益烈，互有著述相駁議。參皮錫瑞經學歷史。鄭玄諸儒雖治古文，亦兼用今文說，且注今文經，已實行之矣。

或曰：「至德要道，約爾。典籍甚富，如而博之以求約也〔一〕？」「語有之曰：『有鳥將來，張羅待之。』得鳥者，一目也。今爲一目之羅，無時得鳥矣〔二〕。道雖要也，非博無以通矣〔三〕。博，其方，約，其說〔四〕。」

〔一〕盧校：「如而」二字，疑當作「如何」，下當有「曰」字。校補：按依盧校作「如何曰博之以求約也」，則爲問何以言博學以求精約耶。唯而、何二字形不相似，似無由致誤。疑「如」下祇脫一「何」字，「如何而」即如何能。而、能古通。呂氏春秋去私「其誰可而爲之」，高誘注：「而，能也。」

〔二〕黄注：鳥，喻道。羅，喻典籍。校補：文選永明十一年策秀才文六臣注引李周翰曰：「目，網孔也。」張網待鳥，得鳥者僅網之一目。然如張一目之網，則無得鳥之時。喻要道即在羣籍中，非博學無以得其精要。下文曰「道雖要也，非博無以通矣」。

〔三〕黃注：孟子曰：「博學而詳說之，將以反說約也。」校補：注引孟子見離婁下，趙岐注：「博，廣。詳，悉也。廣學悉其微言而說之者，將以約說其要意。不盡知，則不能要言之也。」

〔四〕黃注：此一首所謂至德要道也。校補：荀子大略楊倞注：「方，法也。」博，指求道之法須博學。約，指說道之義須精約。即趙岐注所謂「不盡知，則不能要言之也」。

赦令，權也〔一〕。或曰：「有制乎〔二〕？」曰：「權無制。制，其義；不制，其事〔三〕。巽以行權，義，制也〔四〕。權者反經，無事也〔五〕。」問其象〔六〕。曰：「無妄之災，大過凶，其象矣〔七〕。不得已而行之，禁其屢也〔八〕。」曰：「絕之乎？」曰：「權曰宜，弗之絕也〔九〕。」

〔一〕黃注：謂凶荒流離、盜賊垢汙之後，不得已而行者。

〔二〕校補：問行大赦之令有一定之制否。

〔三〕校補：權者，反常道而合於事宜，因時變通，故曰「權無制」，謂大赦之令乃權時而行，無一定之制。左傳襄公三十年杜預注：「義，從宜也。」論語學而邢昺疏：「於事合宜為義。」義，指赦令宜行與否之理；事，指行赦令之事。赦令當行與否，須因時宜而定，則有其一定之義，故曰「不制，其義」，謂赦令之制即在因時宜而行。其事則須視時宜而行，並無一定之制，故曰「不制，其事」。

〔四〕黃注：易繫辭文。校補：繫辭下「巽以行權」，韓康伯注：「權反經而合道，必合乎巽順而後可以行權也。」此亦謂赦令之行當順時合宜。「義，制也」，即前文「制，其義」之謂。

〔五〕校補：漢書五行志中顏師古注：「經，常法也。」「無事」，疑當云「事，無制也」，即前文所謂「不制，其事」。謂權者反常道而合時宜，其事則無定制。

〔六〕校補：易繫辭上韓康伯注：「兆見曰象。」此問行大赦之令，其徵象何如。按繫辭下：「是故易者（按此「易」指卦象），象也。象也者，像也。」下文即取譬易之卦象以答之。

〔七〕校補：易无妄六三「无妄之災」，釋文：「馬、鄭、王肅皆云：『妄猶望，謂无所希望也。』」又後漢書西羌傳「而遭元谷永傳「遭无妄之卦運」，顏師古注引應劭曰：「无妄者，無所望也。」元无妄之災」，李賢注亦引應劭說。蓋漢人說易如此。「無妄」謂未曾望，即意所未料。「無妄之災」，不測之災也。易大過「大過，棟撓」，象曰：「棟撓，本末弱也。」孔穎達疏：「棟撓者，謂

屋棟也，本之與末俱撓弱，以言衰亂之世始終皆弱也。」「大過」喻衰亂之世。按舉「無妄」、

「大過」，謂遭不測之災變而行大赦，爲亂世之象，故下文曰「不得已而行之，禁其屢也」。

〔八〕黃注：初平元年春正月，山東州郡起兵以討董卓，辛亥大赦天下。二年春正月辛丑大赦天下。

三年春正月丁丑大赦天下。五月丁酉大赦天下。卓誅部將李傕等六月陷長安，己未大赦天

下。四年春丁卯大赦天下。興平元年春正月辛酉大赦天下。二年春正月癸丑大赦天下。建

安元年春正月癸酉郊祀上帝於安邑，大赦天下。丁丑郊祀上帝，大赦天下。初平至此，凡七年

而大赦者十，可謂數甚，故悅以此規之。校補：注「五月丁酉」「丁」原作「下」，據程本、四庫

本、龍谿精舍本改。又注「卓誅部將」，「誅」字當衍。李傕等反卓，陷長安，見後漢書孝獻帝紀

初平三年六月。書益稷僞孔傳：「屢，數也。」屢謂頻數、屢次。謂宜禁頻行大赦之令。

〔九〕黃注：既曰權宜，著非常典。此一首所謂禁數赦令也。盧校：「曰權」下，舊本又有一「曰」字，

係誤衍。校補：各本「曰權」下皆有「曰」字，盧校「曰」字衍，近是。注云「既曰權宜」，是黃氏

所見本「權」下亦無「曰」字。謂大赦既是權宜，不得已而行之，則亦不當禁絕，唯不可濫行。上

文曰：「不得已而行之，禁其屢也。」

尚主之制，非古也〔一〕。釐降二女，陶唐之典〔二〕；歸妹元吉，帝乙之訓〔三〕；王姬

歸齊，宗周之禮〔四〕。以陰乘陽，違天；以婦淩夫，違人〔五〕。違天不祥，違人不義〔六〕。

〔一〕校補：後漢書樊儵傳「女可以配王，男可以尚主」，尚主謂娶公主爲妻。資治通鑑二「魏相公叔尚主」，胡三省注：「毛晃曰：尚，崇也，高也，貴也，飾也，加也，尊也。」娶公主謂之尚，言帝王之女尊而尚之，不敢言娶也。」按下文黃注謂悅此首所論，乃復述其叔父爽延熹九年對策所陳，是也。爽對策見後漢書爽傳。

〔二〕黃注：堯典曰：「釐降二女於嬀汭，嬪於虞。」校補：漢書古今人表上「帝堯陶唐氏」，陶唐即堯。書堯典僞孔傳：「降，下。嬪，婦也。舜爲匹夫，能以義理下帝女之心於所居嬀水之汭，使行婦道於虞氏。」釋文：「虞，氏；舜，名也。水之隈曲曰汭。」按釐通賚，詩商頌烈祖毛傳：「賚，賜也。」爽對策曰：「言雖帝堯之女，下嫁於虞，猶屈體降下，勤修婦道。」

〔三〕黃注：易泰九五曰：「帝乙歸妹，以祉元吉。」校補：泰王弼注：「婦人謂嫁曰歸。」周易集解引虞翻曰：「帝乙，紂父。」爽對策曰：「言湯以娶禮歸其妹於諸侯也。」按爽謂帝乙爲湯，與虞翻說爲紂父異。帝乙爲帝辛父，辛即紂也，見史記殷本紀，虞說是。

〔四〕黃注：詩序曰：「雖則王姬，亦下嫁于諸侯。」校補：爽對策曰：「春秋之義，王姬嫁齊，使魯主之，不以天子之尊加於諸侯也。」按以上舉堯降二女、帝乙歸妹、王姬歸齊，皆言位尊者以婦道下嫁，以證尚主之制爲古所無。

〔五〕錢校：治要「禮」下、「天」下、「人」下並有「也」字。校補：國語周語中韋昭注：「乘，陵也。」陵、淩通，侵淩也。天，天道。人，人倫。

〔六〕黄注：悦之叔父荀爽於延熹九年對策陳便宜，以漢承秦法，設尚主之儀，以妻制夫，以卑臨尊，違乾坤之道，失陽唱之義，宜改尚主之制。今悦復以爲言，殆其家門素所商講者乎？此一首所謂正尚主之制也。

古者天子、諸侯有事，必告于廟〔一〕。朝有二史，左史記言，右史記動〔二〕。動爲春秋〔三〕，言爲尚書〔四〕。君舉必記，臧否成敗無不存焉〔五〕。下及士庶，苟有茂異，咸在載籍〔六〕。或欲顯而不得，或欲隱而名章〔七〕。得失一朝，而榮辱千載〔八〕。善人勸焉，淫人懼焉〔九〕。故先王重之，以副賞罰，以輔法教〔一〇〕。宜於今者官以其方，各書其事，歲盡則集之於尚書〔一一〕。各備史官，使掌其典〔一二〕。不書詭常〔一三〕，爲善惡則書，言行足以爲法式則書〔一四〕，立功事則書，兵戎動衆則書，四夷朝獻則書〔一五〕，皇后、貴人、太子拜立則書〔一六〕，公主、大臣拜免則書，福淫禍亂則書〔一七〕，祥瑞災異則書。先帝故事，有起居注〔八〕，日用動靜之節必書焉〔九〕，宜復其式〔二〇〕。內史掌之，以紀內事〔二一〕。

〔一〕校補：廟，祖廟也。左傳桓公二年「凡公行，告於宗廟」，孔穎達疏曰：「凡公行者，或朝，或會，或盟，或伐，皆是也。」後漢書光武帝紀下：建武十六年「夏四月戊申，以太牢告祠宗廟。丁巳，使大司空融告廟，封皇子輔爲右翊公」。又明帝紀：「太常擇吉日策告宗廟，其賜天下男子爵人二級。」是漢時天子有公事亦告於廟。

〔二〕黃注：按漢書（「動」）作「事」字。玉藻曰：「卒食，玄端而居，動則左史書之，言則右史書之。」校補：「朝有二史」，治要無「朝」字。按「記動」、「記事」、「書事」義同，皆謂記天子、諸侯之行事。據禮記玉藻，則記言者爲右史，記行事者爲左史，與悅言正相反。

錢校：「記動」，本傳作「書事」。治要作「右史記事，左史記言」。校補：「朝

〔三〕黃注：春秋記事。

〔四〕黃注：尚書記言。校補：玉藻鄭玄注：「其書，春秋、尚書其存者。」春秋經編年記事。書之典謨、訓誥、誓命之文，皆記言也。

〔五〕黃注：按漢書（「臧否」）作「善惡」。校補：舉，舉動。周禮地官師氏鄭玄注：「舉，猶行也。」說文臣部：「臧，善也。」否音並鄙切。易鼎釋文：「否，惡也。」臧否即善惡。存，記而存之。

〔六〕錢校：（「苟有茂異」）原作「等各有異」，據治要改，與本傳合。北堂書鈔五十五引亦同。〔校
補〕：按錢校本傳同，今據改。禮記禮運孔穎達疏引辨名記曰：「倍人曰茂。」謂才倍
於人曰茂。漢紀十四：「其令州郡察吏民有茂才異等，可爲將相及使絕國者，以聞。」「茂異」即
茂才異等。謂下及士人庶民，苟有才德異常者，皆書於載籍。

〔七〕黃注：紀以至公。校補：章通彰。既載在籍，實書其事，則無善而欲顯其名者，名不可得，有
惡而欲隱之者，其名已彰。

〔八〕校補：朝音陟遥切，「朝夕」之「朝」。一朝之功過，見之載記，則榮辱傳之千年。

〔九〕校補：御覽二百三十五引「淫」作「悖」。國語晉語七韋昭注：「淫，邪也。」

〔一〇〕錢校：「副」，原作「嗣」，據治要改，與書鈔、御覽引合。以上（「以副賞罰，以輔法教」）二句，本
傳作「以助賞罰，以弘法教」。校補：按今據治要改。「重之」之「之」指史官記事記言。漢書禮
樂志顏師古注：「副，稱也。」功過明見載記，則賞罰與之相稱，可以輔法令、教化之行。

〔一一〕校補：上三句，原作「宜於今者官以其日，各書其盡，則集之於尚書」，本傳作「宜於今者備置史
官，掌其典文，紀其行事，每於歲盡，舉之尚書」。黃注引本傳之文，謂本書上下必有脫誤。今
按治要作「宜於今者官以其方，各書其事，歲盡則集之於尚書」義長，茲從治要改。錢校作「宜

於今者備置史官，官以其日，各書其事，歲盡則集之於尚書」，乃參用本書及本傳、治要三者斟

酌改定，非各本之原也，今不從。廣雅釋詁：「方，類也。」「宜於今者官以其方，各書其事」者，

謂百官所職不同類，今宜各據其職而書其事也。「歲盡則集之於尚書」者，謂歲末則匯總於尚

書也。尚書掌各部文書，成帝時分四曹，光武帝又擴爲六曹，見後漢書百官志三。

〔二〕校補：上二句，原作「若史官使掌典其事」一句，今據治要改。錢校作「史掌典文，紀其行事」。

蓋錢所校上文已有「備置史官」句，若據治要作「各備史官」，則與上義複，故以意改定，而與原

文、治要均不合矣。「各備史官，使掌其典」者，說文丌部：「典，從册在丌上（按丌象几案）」。

典本義爲簡册。謂各部置史官，掌管記事之簡册。

〔三〕校補：淮南子主術「詭自然之性」，高誘注：「詭，違也。」謂反常荒誕之事則不書。

〔四〕校補：老子二十八章「爲天下式」，王弼注：「式，模則也。」法式猶準則。

〔五〕校補：朝獻，朝覲天子以貢獻方物。漢書高帝紀下：「吏或多賦以爲獻，而諸侯王尤多，民疾

之。」顏師古注：「諸侯王賦其國中，以爲獻物，又多於郡，故百姓疾苦之。」是獻謂貢獻天子

方之物。

〔六〕黃注：光武置貴人，爲三夫人。校補：後漢書皇后紀上：「及光武中興，斲彫爲朴，六宮稱號，

唯皇后、貴人。」「拜立」連文，拜亦立也。凡授予爵位、封號、官職皆曰拜。史記秦始皇本紀「百

姓内粟千石（按内同納），拜爵一級」，又項羽本紀「拜梁爲楚王上柱國」，又呂后本紀「君今請

拜呂台、呂産、呂禄爲將」，又封禪書「文帝乃召公孫臣，拜爲博士」，漢書高帝紀下「拜婁敬爲奉

春君」，又成帝紀「拜河東都尉趙護爲廣漢太守」，又食貨志下「初式不願爲官，上强拜之」，後

漢書皇后紀下曹操進三女憲、節、華，「十九年，並拜爲貴人」，拜皆謂授予。下文「公主、大臣拜

免則書」，「拜免」，授予與罷免也。

〔一七〕校補：按「福淫」與「禍亂」對，「淫」字疑誤。此謂禍福皆記之。

〔一八〕黃注：漢時有禁中起居，故明德馬皇后自撰顯宗起居注。校補：漢書哀帝紀「其出媵妾，皆歸

家得嫁，如孝文時故事」，又郊祀志五下「是時美陽得鼎獻之，下有司議，多以爲宜薦見宗廟，如

元鼎時故事」，「故事」謂舊例。通典二十一：「周官有左右史，記其言、事，蓋今起居之本。漢

武帝有禁中起居，後漢馬皇后撰明帝起居注，則漢起居似在宮中爲女史之任。又王莽時置柱

下五史，秩如御史，聽事侍傍，記其言行，此又起居之職。自魏至晉，起居注則著作掌之。其後

起居皆近侍之臣録記，録其言行與其勳伐，歷代有其職而無其官。後魏始置其起居令。」舊唐

書經籍志上：「五日起居注，以紀人君言動。」

〔一九〕校補：謂日常起居作息之事項必記載。戰國策秦策三飽彪注：「節，事也。」按節謂事項。

〔二〇〕校補：「宜復其式」，承上文「先帝故事，有起居注」言。謂宜恢復先帝舊例，復行起居注。

〔二一〕黃注：此一首所謂復內外注記者也。校補：漢無專掌起居注之官職，見前注引通典。悅立議由內史掌之也。國語晉語八「內事之邪」，韋昭注：「內，朝內也。」

俗嫌第三

或問卜筮〔一〕。曰：「德斯益，否斯損〔二〕。」曰：「何謂也？」「吉而濟，凶而救之，謂益。吉而恃，凶而怠之，謂損〔三〕。」

〔一〕校補：詩衛風氓毛傳：「龜曰卜，蓍曰筮。」蓍，占卦之蓍草。

〔二〕校補：謂卜筮之事，有德者受益，否則有損。

〔三〕黃注：吉、凶，謂兆數之所值。言修德則足以協吉而消凶，否則反是。校補：爾雅釋言：「濟，成也，益也。」言卜問遇吉兆則助成之，遇凶兆則救止之，斯謂之益。遇吉則恃賴之，遇凶則怠慢之，斯謂之損。按此謂吉凶與否須待人事，不盡人事則吉不驗而凶不止，卜筮亦無益也。

或問日時羣忌〔一〕。曰：「此天地之數也，非吉凶所生也〔二〕。東方主生，死者不鮮；西方主殺，生者不寡；南方火也，居之不燋〔三〕；北方水也，蹈之不沈〔四〕。故甲子昧爽，殷滅周興〔五〕；咸陽之地，秦亡漢隆〔六〕。」

〔一〕盧校：「日」字舊本作「曰」，誤。校補：錢校據盧校改「日」。按龍谿精舍本作「日」，今據改。

呂氏春秋召類：「羣者，眾也。」羣即羣眾，荀子勸學「羣眾不能移也」。「日時羣忌」，謂日期、時辰等民眾忌諱。

〔二〕校補：管子法法尹知章注：「數，理也。」謂時日等乃天地運行自然之理，非因吉凶而生。

〔三〕校補：慧琳一切經音義七十四引廣雅云：「燋，傷火也。」

〔四〕黃注：漢時俗有方忌，如西益宅謂之不祥，必有死亡。商家門不宜南向、徵家門不宜北向之類是也。校補：說文足部：「蹈，踐也。」言踏其地而不沉溺。按墨子貴義：「子墨子北之齊，遇日者。日者曰：『帝以今日殺黑龍於北方，而先生之色黑，不可以北。』子墨子不聽，遂北，至淄水，不遂而反焉。日者曰：『我謂先生不可以北。』」南之人不得北，北之人不得南，其色有黑者，有白者，何故皆不遂也？且帝以甲乙殺青龍於東方，以丙丁殺赤龍於南方，以庚辛殺白龍於西方，以壬癸殺黑龍於北方，若用子之言，則是禁天下之行者也。」悅此論與墨子之意同。

〔五〕黃注：武成曰：「甲子昧爽，受率其旅若林，會于牧野，罔有敵於我師，前徒倒戈，攻於後以北，血流漂杵，一戎衣，天下大定。」所謂殷以甲子滅，周以甲子興也。言支干不足忌矣。校補：書武成乃魏晉之際所出偽古文，悅無由據以爲說。武王於甲子日昧爽伐紂，見書牧誓、史記周本紀。牧誓偽孔傳云：「昧，冥。爽，明。早曰。」昧爽即黎明。

〔六〕黃注：秦都關中，二世而亡。漢遷都長安，歷年四百。言相地家不足信矣。校補：咸陽爲秦始皇所都，漢高祖初都洛陽，後遷都咸陽，建新城，名長安，見史記高祖本紀。

或問：「五三之位，周應也〔一〕。龍虎之會，晉祥也〔二〕。」曰：「官府設陳，富貴者值之，布衣寓焉，不符其爵也。獄犴若居，有罪者觸之，貞良入焉，不受其罰也〔三〕。」或曰：「然則日月可廢歟？」曰：「否。曰元辰，先王所用也〔四〕。人承天地，故動靜焉順〔五〕。順其陰陽，順其日辰，順其度數〔六〕。內有順實，外有順文。文、實順，理也，休徵之符自然應也〔七〕。故盜泉、朝歌，孔、墨不由〔八〕。惡其名者，順其心也〔九〕。苟無其實，徼福於忌，斯成難也〔一〇〕。」

〔一〕黃注：五三，五星三辰。辰星、熒惑、太白、歲星、填星、日、月、斗也。志所謂周師初發，歲在鶉火，日在析木，月在天駟，辰在斗柄，星在天黿是也。春秋元命苞曰：「殷紂之時，五星聚於房。房者，蒼神之精，周據而興。」校補：按注引志（志者，載記），見國語周語下。「五三之位」，即國語周語下伶州鳩答周景王所云「五位三所」，乃天象應周之興者。詩大雅大明孔穎達疏……

「歲、月、日、辰、星五者各有位(按歲,歲星。辰,日月交會處。星,辰星),謂之『五位』。星、

日、辰在北,歲在南,月在東,居三處,故言『三所』。此事在於外傳(按外傳即春秋外傳,亦即國

語)。周語伶州鳩曰:『昔武王伐殷,歲在鶉火,月在天駟,日在析木之津,辰在斗柄,星在天黿。

星與日、辰之位皆在北維。』黃注以「五星三辰」釋「五三」,則並水、木、金、火、土五星及日、

月、斗統言之,似非。

〔三〕黃注:(「龍虎」)「虎」當作「尾」。晉獻公問於卜偃曰:「攻虢何月也?」曰:「童謠有之,

曰:『丙之晨,龍尾伏辰,均服振振,取虢之旂。鶉之賁賁,天策焞焞,火中成軍,虢公其奔。』火

中而旦,其九月十月之交乎?」韋氏解曰:「丙,丙子。晨,蚤朝也。龍尾,尾星也。伏,隱也。

辰,日月之交會也。魯僖五年冬,周十二月、夏十月丙子朔之朝,日在尾,月在天策也。伏辰,

辰在龍尾,隱而未見也。鶉,鶉火,鳥星也。賁賁,鶉火星貌也。天策,尾上一星名曰天策,一

名傅說。焞焞,近日月之貌也。火,鶉火也。中,晨中也。成軍,軍有成功也。傳曰:『冬十二

月丙子朔,晉滅虢,虢公醜奔京師。』」校補:龍尾之會,謂日月交會於尾星,應晉之祥。尾,星

宿名,亦稱龍尾,見上國語晉語二韋昭注。又楚語下「日月會于龍狵」,韋昭注:「狵,龍尾也。

謂周十二月,夏十月也,日月合辰于尾上。」

〔三〕黃注：布衣，無位者。貞良，無罪者。言布衣而寓官府，則爵不符。貞良而入獄犴，則罰不受。

以喻周應、晉祥惟武王、獻公能當之也。校補：注「獻公能當之也」，「獻」原誤「獄」，據程本、

四庫本、龍谿精舍本改。「官府設陳」四句，儀禮喪服記賈公彥疏：「值者，當也。」又士冠禮

疏：「爵者，位次高下之稱也。」謂官府之設，富貴者居之則當，平民居之則不符其位。「獄犴若

居」四句，荀子宥坐「獄犴不治」，楊倞注：「犴，亦獄也。」謂牢獄亦如室居，唯有罪者遭觸之，

善人入之亦不受罰。按此以官府、牢獄爲喻，謂天象之嘉應，唯有德者當之，無德反得不祥。

上文所謂「甲子昧爽，殷滅周興」，「咸陽之地，秦亡漢隆」是也。

〔四〕黃注：辰，謂日月所會，自玄枵至星紀是也。周禮馮相氏掌十有二歲，十有二月，十有二辰。

錢校：句有誤。拾補改作「曰：否。元日元辰，先王所用也」。按注云「辰，謂日月所會」云云，

似所見本祇有「元辰」，盧增改「元日」二字，亦未安。疑原文當作「曰：否。元辰，先王所用

也」，僅衍下「日」字耳。禮記月令鄭玄注：「（元辰）吉辰也。」校補：按錢校近是。上文或問

「然則日月可廢歟」，謂依悅所言，則日辰月旦皆廢不用乎？故悅答曰「否」，言元辰吉時亦先

王所用，唯當順天地之道耳。觀下文，意自明。

〔五〕校補：經傳釋詞：「焉，猶乃也。」謂人承天地而生，故動靜乃順天地之道。下所謂「順其陰陽，

順其日辰，順其度數」是也。

〔六〕校補：陰陽，謂四季。文選古詩十九首驅車上東門「浩浩陰陽移」，李善注：「神農本草曰：春

夏爲陽，秋冬爲陰。」度數，謂日月星辰運行之度數。

〔七〕校補：内，指心。外，指身。淮南子天文高誘注：「文者，象也。」謂形象。漢書平帝紀「休徵嘉

應」，顏師古注：「休，美也。」謂心有順道之實，則身有順道之表見。心、身順道，事得理也，則

吉善之徵驗自然應我矣。

〔八〕黃注：尸子曰：「孔子過於盜泉，渴矣，而不飲，惡其名也。」劉向曰：「邑號朝歌，墨子回車。」

校補：漢書鄒陽傳：「邑號朝歌，墨子回車。」晉灼曰：「紂作朝歌之音。朝歌者，不時也。」顏

師古曰：「朝歌，殷之邑名也。淮南子云：墨子非樂。不入朝歌。」按晉灼注謂「不時」者，讀朝

爲「朝夕」之朝。其名「朝歌」，朝旦即歌弦作樂，故謂非時。不由，不經由其地。論語爲政何晏

集解：「由，經也。」

〔九〕校補：謂順其順道之心。

〔一〇〕校補：呂氏春秋順民高誘注：「徵，求。」說文心部：「忌，憎惡也。」成、誠同聲相通。苟心無順

道之實，而求福以避所惡之事，則誠難矣。

或曰：「祈請者，誠以接神，自然應也〔二〕。故精以底之〔三〕，犧牲、玉帛以昭祈請〔三〕，吉朔以通之〔四〕。」「禮云禮云，玉帛云乎哉〔五〕？請云祈云，酒膳云乎哉〔六〕？非其禮則或愆，非其請則不應〔七〕。」

〔一〕黃注：祈請，求禱也，如祈年、祈子孫、請雨、請福之類。周禮太祝：「掌六祈，以同鬼、神、示。」

〔二〕校補：注「太祝」原誤「太提」，據程本、四庫本、龍谿精舍本改。「太」，周禮春官作「大」字同。說文手部：「接，交也。」謂祈禱者，以精誠交通於神，神自然應之。

〔三〕校補：謂精意致禱於神。國語周語上「精意以享」，「精」即精意，誠意也。左傳昭公三十年杜預注：「底，致也。」

〔三〕校補：漢書禮樂志顏師古注：「犧牲，牛羊全體者也。」犧牲即祭祀所用之全牲。廣雅釋詁「昭，明也。」謂用犧牲、玉帛以明祈請之誠。

〔四〕校補：吉朔，月之初一。玉篇月部：「朔，月一日也。」周禮天官大宰「正月之吉」，鄭玄注：「吉，謂朔日。」詩小雅小明「二月初吉」，孔穎達疏「以言『初』而又『吉』，故知朔日也。君子舉事尚早，故以朔爲吉」。通之，交通於神也。按：自「或曰」至此，凡三十一字，盧校據北堂書鈔九十改爲：「或問神何以格？曰：『一誠所感，自然神應。故精神以底之，犧牲玉帛以昭之，

禱祈告訴以通之。」今按盧所據爲明本書鈔。孔廣陶校未改本書鈔作「或問祈請。曰：「誠以

接神，自然應也。故精神以底之，犧牲玉帛以昭之，告訴以通之也。」文又不同。錢校云：「類

書引古，容有删節，姑仍原本，未敢輒改。」按如依書鈔，則自「誠以接神」云云以下，皆由或曰之

語轉爲悦答或問之語矣。然下文曰「禮云禮云，玉帛云乎哉」云云，與上文「犧牲玉帛以昭祈

請」義正相反，若同爲悦之答語，豈前後之言自相牴牾耶？是不可據書鈔徑改。錢不從盧校，

是也。

〔五〕校補：論語陽貨：「子曰：禮云禮云，玉帛云乎哉？」集解引鄭玄注：「玉，圭璋之屬。帛，束

帛之屬。言禮非但崇此玉帛而已」。按謂玉帛爲行禮之所用，非禮之謂也。「云」、「云乎」皆語

助，無實義，見經傳釋詞。

〔六〕校補：禮記玉藻鄭玄注：「膳，美食也。」謂祈禱神明，非謂但供佳釀美食。以上四句，答或曰

「犧牲、玉帛以昭祈請」。

〔七〕校補：或通惑。詩大雅假樂「不愆不忘」，鄭玄箋：「愆，過也。」或愆，猶言迷誤。按本書時事

云：「簡小忌，去淫祀。」此蓋亦指濫祭不合禮制，所謂「淫祀」也。謂禮非其制，行之則迷誤。

請非所當，神亦不應。

或問：「祈請可否？」曰：「氣、物應感則可，性命自然則否〔一〕。」

〔一〕黃注：應感，如土龍致雨之類。 校補：氣，謂天地之氣。左傳昭公元年「天有六氣」，杜預注：「謂陰陽風雨晦明也。」史記曆書「建氣、物分數」，集解引孟康曰：「氣，二十四氣。物，萬物也。」周禮考工記序：「橘踰淮而北爲枳，鸜鵒不踰濟，貉踰汶則死，此地氣然也。」謂天地之節氣與物感應，祈請之則可。性命有自然之定數，不可祈請也。

或問：「避疾厄，有諸〔二〕？」曰：「夫疾厄何爲者也，非身則神〔三〕，身不可避〔三〕，神不可逃〔四〕，可避非身，可逃非神也〔五〕。持身隨天，萬里不逸〔六〕。譬諸孺子，掩目巨夫之掖，而曰逃，可乎？」

〔一〕校補：文選答魏子悌六臣注引呂向曰：「厄，難也。」疾厄，疾病、災難。經傳釋詞：「諸，之乎也。」按「諸」即「之乎」之合音。凡言「有諸」者，猶言「有之乎」也。

〔二〕校補：「何爲」，爲讀平聲。淮南子原道高誘注：「神，精神也。」謂疾病、災難何所爲耶？非害身形即傷精神也。此二語乃起下文「身不可避，神不可逃」。

〔三〕黃注：身寓宇宙，避將焉之？

〔四〕黃注：神寓形骸，逃將焉之？ 校補：避、逃，謂逃避疾厄。

〔五〕校補：可避疾厄者，在盡人事耳。按《荀子·天論》：「彊本而節用則天不能貧（按彊、强古今字。楊倞注：本謂農桑），養備而動時則天不能病（楊倞注：養備謂使人衣食足，動時謂勸人勤力不失時），脩道而不貳則天不能禍（楊倞注：「貳即倍也。」按倍同背）。故水旱不能使之飢渴，寒暑不能使之疾，祅怪不能使之凶（按祅同妖）。本荒而用侈，則天不能使之富。養略而動罕，則天不能使之全（楊倞注：略，減少也）。倍道而妄行，則天不能使之吉。故水旱未至而飢，寒暑未薄而疾（楊倞注：薄，迫也），祅怪未至而凶，受時與治世同，而殃禍與治世異，不可以怨天，其道然也（楊倞注：非天降災，人自使然）。」悦之言正可以《荀子》之言詮釋之。其意謂事在人為，不盡人事，及至疫病災難已降，乃祈禱以避之，身與神豈可逃乎？

〔六〕校補：《淮南子·脩務》「隨山刊木」，高誘注：「隨，循也。」《玉篇·兔部》：「逸，逃也。」「天」貫下「萬里」言之，謂天下、海內。言持一身循行天下萬里，不可逃避之。

〔七〕校補：掖、腋古今字。童子躲於巨人之腋下而掩己之目，自以為不見而能避之，可謂逃乎？按此喻類似西諺之「鴕鳥政策（ostrich policy）」。

或問人形有相。曰：「蓋有之焉。夫神氣、形容之相包也，自然矣〔一〕。貳之於行，參之於時。相成也，亦參相敗也〔三〕。其數衆矣，其變多矣，亦有上中下品云爾〔三〕。」

〔一〕校補：說文謂女子妊娠曰包，引申之謂包藏、包含。漢書外戚傳上顏師古注引晉灼曰：「包，藏也。」此謂人之神態、形貌相應，二者互爲包容，乃自然之理。按神態本於心念，此蓋謂人之內心與外貌相應。

〔二〕黃注：行，謂修德、爲邪。時，謂亨期、厄會。所以應人骨體之善惡者。校補：廣雅釋言：「參，三也。」貳之、參之，謂與之并列成二、成三。「之」，指人相。謂人之形相與行事二者相應，形相、行事與時機三者相應。「相成也」、「相」上亦當有「參」字，「參相成」與下「參相敗」一律。言三者相助成，亦相傷敗也。按悅之意，謂人之相，其品之善惡與行事相輔，其吉凶成敗與時機相應。如或修德或爲邪，則有於中而形之於外，其相之善惡自不同，而其成敗亦待時機而應，故曰人之形相「貳之於行」、「參之於時」也。

〔三〕校補：謂人相之不同，其類多，變化亦多，其品亦分上中下。「云爾」，語末助詞。助字辨略：「云爾，絕語之辭。」

或問神僄之術〔一〕。曰：「誕哉，末之也已矣〔二〕。聖人弗學，非惡生也〔三〕。終始，運也〔四〕；短長，數也〔五〕。運數非人力之爲也〔六〕。」曰：「亦有僄人乎？」曰：

「僬僥、桂莽産乎異俗〔七〕，就有僊人，亦殊類矣〔八〕。」

〔一〕校補：「術」，原從「行」，從「青」，不成字，據程本、王本、四庫本、龍谿精舍本改。僊、仙古今字。神仙之術，指道家修煉成仙，長生不老之術。

〔二〕黃注：言名生實死，誕妄不足信也。校補：公羊傳隱公六年何休注：「末，無也。」

〔三〕黃注：揚雄曰：「聖人不師僊。」校補：謂聖人不學神仙之術，非不樂生，以其術荒誕不經耳。

〔四〕黃注：終，死。始，生。易繫辭曰：「原始反終，故知死生之說。」揚雄曰：「有生者必有死，有始者必有終，自然之道也。」校補：「運」與下句「數」互文，皆謂天運、命數，自然之理勢也。

〔五〕黃注：短長，謂年之夭壽。

〔六〕校補：運數在天，自然之道，非人力爲之者。

〔七〕黃注：海外南經：「僬僥國在三首國東。」外傳云：「僬僥民長三尺，短之至也。」詩含神霧曰：「從中州以東，西四十萬里，得僬僥國，人長一尺五寸也。」大荒南經：「有小人名曰僬僥之國」。史記：「仲尼曰：僬僥氏三尺，短之至也。」校補：按：桂莽未詳，疑本作「枉莽」。「枉莽」即「汪芒」也。枉、汪同聲，芒、莽並隸陽部明紐字，古音皆相通。淮南子精神「芒然仿佯於塵垢之外」，高誘注：「芒讀王莽之莽。」是其證。「枉」誤爲「桂」，遂作「桂莽」矣。汪芒即大人國。國

〔語魯語下〕「仲尼曰:汪芒氏之君也,守封嵎之山者也,爲漆姓。在虞、夏、商爲汪芒氏,於周爲長狄,今爲大人。」異俗,謂異俗之地。

〔八〕校補:「僬」,程本、四庫本作「仙」,今字。殊類,非我族類。異域即有仙人,亦非我中土族類。

或問:「有數百歲人乎?」曰:「力稱烏獲〔一〕,捷言羌亥〔二〕,勇期賁、育〔三〕,聖云仲尼,壽稱彭祖〔四〕,物有俊傑,不可誣也〔五〕。」

〔一〕黃注:烏獲,秦武王力士。

〔二〕黃注:「羌亥」,疑「豎亥」之誤。盧校:案羌,古與「慶」同音,此謂慶忌也。亥,謂章、亥。校補:按慶忌以勇聞,不以捷足名。且以「亥」字指稱豎亥則可,指稱大章、豎亥兩人則不可也。黃校近是。

〔三〕黃注:孟賁,齊人,能生拔牛角。夏育,衛人。校補:莊子寓言「以期耆年」,郭象注:「期,待也。」史記范睢蔡澤列傳集解引漢書音義:「夏育,衛人,力舉千鈞。」

〔四〕黃注:以四者況壽,言壽中俊傑有彭祖也。列仙傳:「彭祖者,殷大夫,姓籛名鏗,帝顓頊之孫,陸終氏之中子,歷夏至殷末八百餘歲,常食桂芝,善導引行氣。」

〔五〕校補:玉篇牛部:「物,事也。」慧琳一切經音義六引考聲云:「誣,枉也。」俊傑,指善其事者。

謂凡事皆有善爲之者，不可誣枉其無。

或問：「凡壽者必有道，非習之功。」曰：「夫惟壽，則惟能用道。惟能用道，則性壽矣〔一〕。苟非其性也，脩不至也〔二〕。學必至聖，可以盡性；壽必用道，所以盡命。」

〔一〕錢校：（「則惟能用道」、「惟能用道」）二「惟」字疑並當作「性」。校補：錢說未允，此唯「則性壽矣」句之「性」當作「命」。下云「壽必用道，所以盡命」，故此云「惟能用道，則命壽矣」。今本作「則性壽矣」者，乃涉下句「苟非其性也」而誤。説文老部：「壽，久也。」今按性、命之義，有通言、對言之別。通言之，性亦猶命也。左傳昭公八年：「民力彫盡，怨讟並作（按讟亦怨）」莫保其性。」杜預注：「性，命也。」漢書公孫賀劉屈氂等傳：「處非其位，行非其道，果隕其性，以及厥宗。」顏師古注：「性，生也。」本篇後文云「仁者内不傷性，外不傷物」，「内不傷性」即不傷己身命。此皆通言之也。對言之，性謂天性、秉賦，命謂壽命、天年。荀子正名：「生之所以然者，謂之性。」春秋繁露深察名號：「如其生之自然之資，謂之性。」禮記樂記「則性命不同矣」，鄭玄注：「性之言生也。」命，生之長短也。」孔穎達疏：「性，生也，各有嗜好謂之爲性也。命者，長短夭壽也。」此對言之也。本節末曰：「學必至聖，可以盡性；壽必用道，所以盡命。」謂學必至乎聖人之境，而後可盡其秉性之用；壽必用其養生之道，而後可盡其天年之終。乃以性、命對言。

〔三〕校補：養生有道，命不夭折，故能壽。然秉性有善惡，賴修學以得其正。「苟非其性也，脩不至也」，謂若性不得其正，乃修習未至也。故下總之曰「學必至聖，可以盡性；壽必用道，所以盡命」。

或曰：「人有自變化而僊者，信乎？」曰：「未之前聞也。然則異也〔一〕，非僊也。男化爲女者有矣，死人復生者有矣〔二〕。夫豈人之性哉，氣數不存焉〔三〕。」

〔一〕黃注：異謂怪異。

〔二〕黃注：獻帝興平七年，越巂男子化爲女子。四年，武陵女子死十四日，復活。續漢志曰：「女子李娥，年六十餘死，瘞於城中。有行人聞冢中有聲，告家人，出之。」此二事悅在興平中所親聞見者。校補：注「興平七年」、「興平」，當作「建安」，見後漢書孝獻帝紀。下「興平」校同。按獻帝興平二年改元建安。又注「瘞於城中」、「城中」，當作「城外」，見續漢書五行志五。

〔三〕校補：氣數即命運，見前「或問神僊之術」一節注。經傳釋詞：「夫，指事之詞也。」夫，指化爲仙之事。謂自化爲仙豈爲人之秉性哉，此人之命運所無之事也。

或問曰：「有養性乎〔一〕？」曰：「養性秉中和，守之以生而已〔二〕。愛親、愛德、愛力、愛神之謂嗇〔三〕。否則不宣，過則不澹〔四〕，故君子節宣其氣，勿使有所壅滯底，昏亂百度則生疾〔五〕。故喜怒、哀樂、思慮必得其中，所以養神也。寒暄、虛盈、消息必得其中，所以養體也〔六〕。善治氣者，由禹之治水也〔七〕。若夫導引蓄氣〔八〕，歷藏內視〔九〕，過則失中，可以治疾，皆非養性之聖術也〔一〇〕。夫屈者以乎申也，蓄者以乎虛也，內者以乎外也〔一一〕。氣宜宣而遏之，體宜調而矯之，神宜平而抑之，必有失和者矣〔一二〕。夫善養性者無常術，得其和而已矣〔一三〕。」「隣臍二寸謂之關〔一四〕，關者，所以關藏呼吸之氣，以禀授四體也〔一五〕。故氣長者以關息，氣短者其息稍升，其脉稍促，其神稍越，至於以肩息而氣舒〔一六〕。其神稍專，至於以關息而氣衍矣〔一七〕。故道者常致氣於關，是謂要術。」「凡陽氣生養，陰氣消殺。和喜之徒，其氣陽也，故養性者崇其陽而絀其陰〔一八〕。陽極則亢〔一九〕，陰極則凝，亢則有悔，凝則有凶。夫物不能爲春，故候天春而生。人則不然，存吾春而已矣〔二〇〕。藥者，療也〔二一〕，所以治疾也。無疾，則勿藥可也。肉不勝食氣，況於藥乎〔二二〕？寒斯熱，熱則致滯陰〔二三〕。藥之用也，唯適可也。

其宜則不爲害。若已氣平也，則必有傷。唯鍼火亦如之〔二四〕。故養性者不多服也，唯

在乎節之而已矣〔二五〕。」

〔二〕校補：養性即養生。抱朴子內篇地真：「然長生養性辟死者（按辟通避），亦未有不始于勤而終成於久視也（按久視謂長壽）。」又至理：「服藥雖爲長生之本，若能兼行氣者其益甚速，若不能得藥，但行氣而盡其理者，亦得數百歲。」此問「養性」，指道家行氣服藥、長生久視之術。故下文悅之答先舉儒家中和養性之説，繼言道家養性之術失中和。

〔三〕校補：言養生者但秉持中和，守中和以生存而已。按「中和」謂適中調和，亦即中庸。儒家所謂中庸、中和、中行、中道，皆謂不偏不倚、無過無不及，或言其道，或言其行，或言其用，或言其功，名有異耳。養生之中和，則謂調節七情六慾，使血氣平和。禮記中庸：「喜怒哀樂之未發謂之中，發而皆中節謂之和。」春秋繁露循天之道引公孫之養氣曰：「裏藏泰實則氣不通（按藏通臟，泰同太，太實謂血氣過盛），泰虛則氣不足，熱勝則氣□（按蘇輿義證本原文缺字，下同），寒勝則氣□，泰勞則氣不入，泰佚則氣宛至（按義證引盧文弨曰：宛讀爲鬱），怒則氣高，喜則氣散，憂則氣狂，懼則氣懾。凡此十者，氣之害也，而皆生於不中和。」此儒家秉中和以養性之説。

〔三〕黃注：老子：「治人事天莫如嗇。夫惟嗇，是以早復，是謂深根固柢，長生久視之道。」校補：

禮記表記鄭玄注：「愛，猶惜也。」淮南子修務「夫鴈順風以愛氣力」，愛即珍惜。親，男女肌膚

之親也。莊子天運成玄英疏：「德者，真性也。」愛親，不傷身，愛德，不傷天性。

〔四〕校補：否音並鄙切。易遯釋文引鄭玄注：「否，塞也。」下文黃注訓宣爲散，本左傳昭公元年杜

預注，宣即散發。過，謂無節度。淮南子齊俗高誘注：「澹，足也。」澹、贍古今字。「否則不宣」

二句，貫下「故君子節宣其氣」爲文，言血氣壅塞則不能散發，宣散無節度則血氣復不足，故下

接云「君子節宣其氣」，謂散發之有節度也。

〔五〕黃注：宣，散也。雍，外雍。閉，內閉。底亦滯也，謂血氣集滯也。百度，百事之節。左傳曰：

「於是乎節宣其氣，勿使有所壅閉湫底以露其體，茲心不爽，而昏亂百度。今無乃壹之，則生疾

矣。」校補：注「於是乎節宣其氣」，「是」原誤「吳」，據程本、四庫本、龍谿精舍本改。左傳昭公

元年「於是乎節宣其氣，勿使有所壅閉湫底以露其體」，孔穎達疏曰：「凡人形神有限，不可久

用。神久用則竭，形太勞則敝。神不用則鈍，形不用則痿，不可以久逸也。固

當勞逸更遞，以宣散其氣。」又曰：「雍謂障而不使行，若土雍水也。閉謂塞而不得出，若閉門

戶也。湫謂氣聚，底謂氣止。四者皆是不散之意也。氣不散則食不消，食不消則食少，食少則

肌膚瘦，肌膚瘦則骸骨露也。言人之養身當須宣散其氣，勿使氣有壅閉集滯，以羸露其形骸

也。」百度，謂諸事之節度。「昏亂百度」猶言事事皆亂無節制。

〔六〕校補：廣韻平聲二十二元：「暄，溫也。」寒暄，指衣服。虛盈，指飲食。消息，消減、息長，本謂

損益，見時事篇「盤庚遷殷」節注。此「消息」與「寒暄」、「虛盈」並列，蓋指動止言，猶勞逸也。

謂衣服、飲食、勞逸必取適中，所以養形體也。

〔七〕校補：「由」，四庫本作「猶」。按由通猶。謂人之血氣須宣暢，猶禹之治水使疏通之也。孟子

告子下「禹之治水，水之道也（按道通導）」，孫奭疏：「夫大禹之治水，因水道而疏通，歸於

海也。」

〔八〕黃注：內經異法方宜論曰「中央者其治宜導引按蹻」，導引謂搖筋骨、動支節也。校補：「若

夫」，猶今言「至於」，轉語之詞也。助字辨略：「若夫，相及而殊上事之辭。」按上文悅之所言，

皆儒家中和養性之說。此下「導引蓄氣」云云，乃轉論道家養性之術不符中和之道。「導引」

者，道家引體導氣之術。莊子刻意：「吹呴呼吸，吐故納新，熊經鳥申（按申同伸），爲壽而已

矣。此道引之士，養形之人。」「道引」即「導引」。釋文引李頤云：「導氣令和，引體令柔。」蓋

呼吸導氣亦伴以肢體屈伸。所謂「熊經鳥申」，即以肢體之屈伸仿動物之動作而稱之。「蓄氣」

者，呼吸之氣聚於臍下丹田，即下文所謂「隣臍二寸謂之關。關者，所以關藏呼吸之氣，以稟授

四體也」。抱朴子內篇釋滯：「初學行炁（按炁同氣），鼻中引炁而閉之，陰以心數至一百二十，

乃以口微吐之。吐之及引之（按「吐之」據孫星衍校補），皆不欲令己耳聞其炁出入之聲，常令

入多出少。以鴻毛著鼻口之上，吐炁而鴻毛不動為候也。漸自轉增其心數（按心數，默計數），

久可以至千，至千則老者更少，日還一日矣。」

〔九〕

校補：通志藝文略五有神仙歷藏經一卷，道教書。藏通臟。洞玄靈寶定規經：「內觀心起，若

覺一念起，須除滅，務令安靜。」注：「慧心內照，名曰內視。」「內視」即「內觀」，謂閉目不視外

物，心念專聚於體內。「歷藏內視」，亦道家行氣之術。其法蓋閉目靜心，氣聚丹田，心念專聚

於內，自眉間始，念肺、念心、念膽、念脾、念腎、念臍、念大小腸，自上而下，逐一歷遍臟腑，見雲

笈七籤十八引老子中經上。

〔一〇〕

校補：謂行此道家導引蓄氣之術，過之則失中和。可用以療疾，非聖人養性之術也。

〔一一〕

黃注：屈謂導引，蓄謂蓄氣，內謂內視。以申有屈，以虛有蓄，以外有內。校補：經傳釋詞：

「以，由也。」屈申、蓄虛、內外皆對待而言，由伸而有屈，由虛而有蓄，由外而有內，偏於其一則

失中和。

〔三〕校補：「氣宜宣而遏之」，如抱朴子內篇釋滯所謂「鼻中引炁而閉之」是也。「體宜調而矯之」，如莊子刻意所謂「熊經鳥申」是也。「神宜平而抑之」，如上文所謂「歷藏內視」抑制心念是也。蓋皆偏於蓄、屈、內，而非中和自然之道。

〔四〕黃注：宣其氣，調其體，平其神，則得其和矣。校補：以上皆悅答或問，以儒家中和說論道家治氣之失。

黃注：黃庭外景經曰：「上有黃庭下關元，後有幽闕前命門，呼吸廬間入丹田。」解云：「關元在臍下三寸，元陽之命在其前，懸精如鏡明照一身，不休是道。」校補：注「後有幽闕前命門」，四庫本「關」作「關」。按作「關」是，幽關指腎，見雲笈七籤十二引黃庭外景經務成子注。又自「隣臍二寸謂之關」云云以下至「是謂要術」一段，乃道家說，與上下文不相貫，當是或問之語，而前有脫誤。又明高濂遵生八牋一引此，而題曰仲長統昌言，未詳其所據。關者，即注引黃庭外景經之「關元」，在臍下三寸，亦即抱朴子內篇地真所謂之「下丹田」，在臍下二寸四分，皆是一事。

〔五〕黃注：氣出為呼，氣入為吸。校補：「關藏呼吸之氣」，即上文所謂「蓄氣」，謂臍下丹田聚氣也。「四體」，四肢。禮記喪大記鄭玄注：「體，手足也。」聚呼吸之氣於體內，使彌漫全身，達於四肢，即所謂「關藏呼吸之氣，以禀授四體」。其術原本先秦道家、神仙家，其流派則今之氣功是。

〔一六〕黃注：莊子曰：「真人之息也以踵，眾人之息以喉。」校補：說文心部：「息，喘也。」息即呼吸「氣長」，謂氣息深至丹田，即所謂「以關息」。氣短，謂氣息淺，不下至丹田，故曰「息稍升」。「脉稍促」，謂氣息淺者脈息短促也。「神稍越」者，淮南子俶真「精神越於外」，高誘注：「越，散也。」神越即不能專聚心念，如此則氣不能聚於丹田也。「以肩息」，未詳。按注引莊子「真人之息以踵，眾人之息以喉」，見大宗師。喉與肩並在上，「以肩息」蓋謂其息淺，氣息至於肩則舒散，不能深聚。周易參同契發揮卷上：「莊子南華真經云『真人之息以踵，眾人之息以喉』，蓋在喉則近而短促，其息淺淺。接踵則長而綿延，其息深深。修煉至於其息深深，則我命在我，不爲大冶陶鑄矣（按大冶指造化）。」此道家行氣養性之說。按所謂「以關息」、「以踵息」，即道家謂之「胎息」者，蓋胎兒於母腹中不以口鼻呼吸也。抱朴子釋滯：「得胎息者，能不以鼻口噓吸，如坐胞胎之中，則道成矣。」其實「胎息」非真謂氣息不經口鼻，乃謂其氣息深長，聚於丹田以下，鼻吸口吐極緩，有似不經口鼻者而已。此猶如仿動物之冬眠，血氣平静，緩其新陳代謝也。

〔一七〕
校補：慧琳一切經音義七十三引玄應音義曰：「衍，長也。」謂意念稍專聚，至於引氣至丹田，而氣息深長。「衍，長也。」文選琴賦六臣注引張銑曰：「衍，水流長也。」又

〔一八〕
黃注：陽氣者，天氣、生氣也。〉生氣通天論曰：「陽氣者若天與日，失其所則折壽而不彰。」校補：注曰：「陽氣者一日而主外，平旦人氣生，日中而陽氣隆，日西而陽氣已虛，氣門乃閉。」

「失其所則折壽而不彰」，「折」原作「抲」，據龍谿精舍本改，與黃帝內經素問生氣通天論合。自「凡陽氣生養」以下為悅所言，似非答上一段或者之言，疑文有誤。玉篇彳部：「徒，眾也。」

「和喜之徒」二句，謂彼輩和樂喜悅者，以有陽氣故也。陰氣，指衰氣。絀通黜。

〔一九〕
校補：「六」，原作「元」，據程本、王本、四庫本改。下改同。

〔二〇〕
黃注：存吾春，謂順養其生氣也。校補：希麟續一切經音義五：「六，陽極也。」公羊傳襄公二十九年何休注：「悔，咎。」蓋謂人持陽氣養生，亦當以中和調之。陰氣至極則凝結不化，固有凶險。陽氣亢奮至極，亦有災咎。夫物不能自為春，故待天之春而生長。人不同於物，自可調節以葆其春。春者，生機也。

〔二一〕
黃注：療，治也。校補：自「藥者，療也」以下，乃悅論道家服藥求長生之不可取。其上似當有或問之語，疑有脫文。抱朴子內篇仙藥……「服治病之藥以食前服之，服養性之藥以食後服之。」

按藥指丹藥，見周易參同契煉丹諸章及抱朴子內篇金丹、仙藥。

〔二〕黃注：論語：「肉雖多，不使勝食氣。」校補：注引論語見鄉黨，皇侃疏：「勝，猶多也。」國語晉語四韋昭注：「勝，猶過也。」說文米部：「氣，饋客芻米也。」氣、餼古今字。肉雖多，食之不可使多於米飯。謂即肉亦不可食之過多，況藥乎？

〔三〕校補：按此二句與上下文不相承，文當有脫誤。黃帝內經素問熱論「人之傷於寒也，則爲病熱」，王冰注：「寒毒薄於肌膚（按薄，迫近），陽氣不得散發而內怫結（按怫結，鬱結），故傷寒者反爲病熱。」「滯陰」，謂陽氣滯於陰氣之所迫。

〔四〕黃注：鍼謂九鍼，火謂灸炳也。校補：注「火謂灸炳也」，四庫本「炳」作「柄」，誤。「氣平」，謂血氣已平和。「火」謂灼艾，即灸也。

〔五〕校補：節之，謂服藥有節制，上文云「唯適其宜則不爲害」。

或問：「仁者壽，何謂也〔一〕？」曰：「仁者內不傷性〔二〕，外不傷物，上不違天，下不違人，處正居中，形神以和，故咎徵不至〔三〕，而休嘉集之〔四〕，壽之術也。」曰：「顏、冉何〔五〕？」曰：「命也。麥不終夏，花不濟春，如和氣何〔六〕？雖云其短，長亦在其中矣〔七〕。」

〔一〕黃注：論語：「知者樂，仁者壽。」校補：見雍也篇。集解引包咸曰：「性靜者多壽考。」邢昺疏：「仁者少思寡欲，性常安靜，故多壽也。」仁者心坦然安靜，身形精神皆舒泰，故得盡其壽。

〔二〕校補：按「不害性」即不害己身，性即命，見前「或問凡壽者必有道」一節注。

〔三〕黃注：咎徵，惡行之驗。校補：謂無惡行之報應。

〔四〕校補：漢書禮樂志「休嘉砰隱溢四方」，顏師古注：「休，美也」；嘉，慶也。」按「休嘉」與「咎徵」對，謂吉兆。

〔五〕黃注：顏回子淵，年三十二蚤死。冉耕伯牛，有惡疾而卒。揚雄曰：「回牛之行德矣，曷壽之不益也（按曷同何）？」亦同此意。校補：「顏、冉何」，何，猶今言「怎麼回事」。

〔六〕黃注：言麥雖不踰夏而秀，花雖不越春而榮，其如和氣之保合何？校補：命，謂天年，自然之壽數也。爾雅釋言：「濟，渡也。」麥不過夏，花不過春，此自然之數，其奈和氣之保養何？此喻顏、冉之不壽乃天年如此，非關和氣。

〔七〕黃注：言顏、冉歲齡雖短，而天和不害，無殘賊致夭之行，故曰「長亦在其中矣」。則知君子不以壽夭為慮，而當務脩德為要也。校補：按孔子曰「仁者壽」，不過謂仁者心寧體泰，不自生憂懼以傷生，故得盡其壽。此大略之言也。後人議論紛紛，或謂顏回雖短命，然死且不朽，故亦壽；，或謂死生有命，而云行仁得壽者，乃教化之義，誘人納於善（並見徐幹中論夭壽引），皆求之深而失之遠者，甚無謂也。徐幹曰：「天道迂闊，闇昧難明，聖人取大略以爲成法，亦安能委曲不失毫芒（按委曲謂周全），無差跌乎（按差跌猶差失）？且夫信無過於四時，而春或不華（按華、花古今字），夏或隕霜，秋或雨雪，冬或無冰，豈復以爲難哉（按難謂責難）？」其言得之。

或問黃白之儔〔一〕。曰：「傅毅論之當也〔二〕。燔埴爲瓦則可〔三〕，爍瓦爲銅則不可〔四〕。以自然驗於不然，詭哉〔五〕。歃犬羊之肉以造馬牛，不幾矣。不其然歟〔六〕？」

〔一〕黃注：抱朴子曰：「神仙經黃白之方二十五卷，千有餘首。黃者，金也。白者，銀也。古人秘重其道，不欲指斥，故隱之云爾。」按秦李少君言丹砂可化爲黃金，卒無驗，病死。漢宣時劉更生言黃金可成，上令典尚方鑄作，事費甚多，方不驗。毋怪乎世人疑爲虛誕也。校補：儔、鑄同聲相通。此問道家化煉丹砂、鉛爲金銀之說。抱朴子內篇黃白：「銅柱經曰：丹砂可爲金，河車可作銀（按河車即鉛）。」

〔二〕黃注：傅毅字武仲，肅宗時與班固、賈逵共典校書。考其傳無論黃白之說，意亡矣。

〔三〕黃注：埴，黏土也。校補：玉篇火部：「燔，燒也。」

〔四〕校補：說文金部：「鑠，銷金也。」俗作「爍」。

〔五〕校補：玉篇馬部：「驗，證也。」慧琳一切經音義七十一：「詭，詐不實也。」燒土爲瓦則可，以其
同類，自然也。鎔瓦爲金則不可，以其非同類，不然之事也。以自然證於不然，是詐言哉。此
以爍瓦爲銅爲喻，謂道家化煉金銀之說不可信。

〔六〕黃注：丹砂爲金，河車作銀，非同類矣。錢校：「歆」，盧學士本作「歆」，云「疑『穀』字」，恐非。
校補：歆，音許嬌切，「歆」之俗字，見龍龕手鑒欠部。說文欠部：「歆，歆歆，氣出貌。」按歆謂
熱氣上蒸貌。此作動字用，蓋謂烹煮。文選王命論「貪不可冀」，一本「冀」作「幾」，李善注引
韋昭曰：「幾，望也。」幾通冀。犬羊之肉非馬牛之肉，今烹煮犬羊之肉，欲作成馬牛之肉，亦無
望矣。此與上「爍瓦爲銅」同喻。

世稱緯書仲尼之作也〔一〕。臣悅叔父故司空爽辨之，蓋發其偽也〔二〕。有起於中
興之前終張之徒之作乎〔三〕？或曰：「雜〔四〕。」曰：「以己雜仲尼乎？以仲尼雜己
乎？若彼者以仲尼雜己而已，然則可謂八十一首非仲尼之作矣〔五〕。」或曰：「燔
諸？」曰：「仲尼之作則否，有取焉則可。曷其燔〔六〕？」在上者不受虛言，不聽浮

術，不采華名，不興偽事，言必有用，術必有典〔七〕，名必有實，事必有功〔八〕。」

〔一〕黃注：世之說者謂孔子既叙六經，以明天人之道，知後世不能稽同其意，故別立緯及讖以遺來世。光武之世篤信斯術，學者風靡，是以桓譚、張衡輩常發其虛偽矣。校補：釋名釋典藝：「緯，圍也，反覆圍繞已成經也。」說文言部：「讖，驗也。有徵驗之書。河、雒所出書曰讖。」緯書爲敷演經書而作，讖書則爲依託經書而預言興亡者。下文曰「然則可謂八十一首非仲尼之作矣」，則此云緯書者乃泛指讖緯也。

〔二〕黃注：爽字慈明。董卓輔政，徵之。爽欲遁命，吏持之急，不得去，因復就拜平原相。行至宛陵，復追爲光禄勳。視事三日，進拜司空。爽見董卓忍暴滋甚，必危社稷。其所辟舉，皆取才略之士，將共圖之。亦與司徒王允及卓長史何顒等爲内謀，會病薨。常著禮、易傳、詩傳、尚書正經、春秋條例、公羊問、辨讖等篇（按常通嘗）。按爽父淑有子八人，儉、緄、靖、燾、汪、爽、肅、專，而悦則儉之子，故爽於悦爲叔父。所謂辨讖，即其發偽之書也。校補：按後漢書本傳稱悦作申鑒五篇，既成而奏上獻帝，故篇中自稱「臣悦」。

〔三〕黃注：起於哀、平。校補：按經義考二百六十七引孫穀古微書自序，亦云：「一以爲起於中興之前終張之徒，皆借仲尼雜以己說。」「終張」未詳，疑是「俙張」之誤。爾雅釋訓：「俙張，誑也。」又范文瀾注文心雕龍正緯云：「『終張』疑當作『終術』，即助王莽造符命之田終術，與李尋同稱，見漢書翟方進及王莽傳。」說似牽強，識以存參。

〔四〕校補：廣雅釋詁：「雜，廁也。」謂緯書有他人之言攙雜孔子書間。

〔五〕黃注：緯書有河圖九篇，洛書六篇，云自黃帝至周文王所受本文。又別有三十篇，云自初起至于孔子，九聖之所增演，以廣其意。又有七經緯三十六篇，並云孔子所作，并前合爲八十一篇。

校補：「以己雜仲尼」，謂書爲孔子所作，己但增益之以輔翼其說而已。「以仲尼雜己」，謂書爲己所作，而依託孔子以張己說也。悅意以讖緯之書實屬後者。

〔六〕黃注：有取，如劉彥和所謂義、農、軒、皡之源，山瀆鍾律之要，白魚赤烏之符，黃金紫玉之瑞，事豐辭富，無益經典而有助文章之類是也。

校補：經傳釋詞：「曷，何也。」又：「其，猶乃也。」謂以讖緯爲孔子所作則非，取其書以爲用則可，何乃燒棄之乎？

〔七〕校補：「術必有典」，謂學術必據成典，淵源有自，否則爲無根之浮術也。

〔八〕黃注：「有用」謂不虛，「有典」謂不浮，「有實」謂不華，「有功」謂不偏。在上者如是，則緯候鉤讖之說無所肆其矯誕矣。

雜言上第四

或問曰：「君子曷敦乎學〔一〕？」曰：「生而知之者寡矣，學而知之者眾矣〔二〕。

悠悠之民，泄泄之士，明明之治，汶汶之亂，皆學廢、興之由，敦之不亦宜乎〔三〕。」

〔一〕黃注：敦，勉也。

〔二〕盧校：「眾」字舊本作「寡」，誤。校補：錢校據盧校改「眾」。按王本作「眾」，今據改。

〔三〕黃注：詩板曰：「天之方蹶，無然泄泄。」大明曰：「明明在下。」校補：按注引大雅板「無然泄泄」，彼「泄泄」毛傳訓「沓沓」，即諧諧，多言貌。說文言部字作「呭」，云：「呭，多言也。」詩曰：『無然呭呭。』」然此義與本文不合。本文上以「悠悠」與「泄泄」並舉，下以「明明」與「汶汶」並舉，義皆相對。說文心部：「悠，憂也。」左傳隱公元年「其樂也洩洩」，文選思玄賦李善注引舊注：「洩洩，樂貌。」泄泄即洩洩也。按廣韻泄、洩並音餘制切，古音皆屬月部喻紐字。禮記中庸「振河海而不洩」，釋文「洩」作「泄」。春秋經宣公九年「陳殺其大夫洩冶」，公羊、穀梁並作「泄」。均其證。「悠悠之民，泄泄之士」，「民」、「士」互文足義，謂士民之憂與樂耳。史記屈原賈生列傳索隱：「汶汶音門門，猶昏暗不明也。」是「汶汶」與「明明」義亦相對也。以上五句，意謂士民之憂與樂，國之清明與昏亂，皆由於學之興與廢也。此乃答或問「君子曷敦乎學」者。

君子有三鑒，鑒乎前，鑒乎人，鑒乎鏡。世人鏡鑒〔一〕。前惟順〔二〕，人惟賢，鏡惟明〔三〕。夏、商之衰〔四〕，不鑒於禹、湯也〔五〕。周、秦之弊，不鑒於羣下也〔六〕。側弁垢顏，不鑒於明鏡也〔七〕。故君子惟鑒之務〔八〕。若夫側景之鏡，亡鑒矣〔九〕。

〔一〕黃注：蒸庶但知鏡鑒而已。校補：原無「鑒乎前，鑒乎人，鑒乎鏡」三句九字，治要有。御覽七百十七引「人」作「下」。按下文「前惟順，人惟賢，鏡惟明」即承此三句言之，今據治要補。錢校亦據治要補此三句，然刪去下「世人鏡鑒」一句。按此句下有注「蒸庶但知鏡鑒而已」（「蒸庶」猶言眾人），是黃所見本原有此句。疑「世人鏡鑒」句本在「君子有三鑒」句之上。

〔二〕校補：治要「順」作「訓」。按順通訓。國語周語上「宣王欲得國子之能導訓諸侯者」，史記魯周公世家「導訓」作「道順」，集解引徐廣曰：「（順）一作訓。」正義：「道音導，順音訓。」墨子非命中「下有以教順其百姓」，管子牧民「順民之經」，順並通訓。「前惟順」即前惟訓，謂君子於前世，唯鑒察其教訓。

〔三〕黃注：此君子之三鑒。校補：「前惟順」三句，明刻御覽七百十七引作「前惟人訓，人訓惟明」，

宋刻御覽無下「訓」字，並非。「人惟賢」，謂君子於人，唯鑒察其賢。「鏡惟明」，謂君子於鏡，

唯鑒照其影像明晰者。

〔四〕校補：治要、御覽七百十七「夏商」作「商德」。

〔五〕黃注：桀、紂不以前鑒。校補：謂不鑒察前人教訓，與君子鑒「前惟順（訓）」正反。

〔六〕黃注：幽、厲、政、亥不以人鑒。錢校：「羣」原作「民」，據治要改，與御覽合。校補：按錢改
是，今據治要改。又按御覽七百十七宋刻作「羣」，明刻則作「民」。羣下，衆臣也。「不鑒於羣
下」者，不鑒察臣下之賢，與君子鑒「人惟賢」正反。

〔七〕黃注：此則不以鏡鑒。側，傾也。弁者，冠之大名。詩賓之初筵曰：「側弁之俄。」校補：「側
弁垢顏」者，以不鑒照明鏡以整己之容故也。此與君子鑒「鏡惟明」正反。

〔八〕黃注：務於前鑒、人鑒。錢校：句末治要有「焉」字。

〔九〕黃注：但知鏡鑒，是爲無鑒。校補：景、影古今字。亡同無。鏡面不平，則所照之影不正，故
曰「側景之鏡」。此喻君子雖有三鑒，然如所鑒不當，則如鑒照影像不正之鏡，猶無鑒也。黃注
似未晰。

或問：「致治之要，君乎〔一〕？」曰：「兩立哉〔二〕。非天地不生物，非君臣不成

治。首之者天地也，統之者君臣也哉〔三〕。先王之道致訓焉，故亡斯須之間而違道

矣〔四〕。昔有上致聖、由教戒、因輔弼、欽順四鄰〔五〕，故檢柙之臣不虛於側〔六〕，禮度

之典不曠於目〔七〕，先哲之言不輟於耳〔八〕，非義之道不宣於心〔九〕，是邪僻之氣末由

入也〔一〇〕。有間，必有入之者矣〔一一〕。是故僻志萌則僻事作〔一二〕，僻事作則正塞，正塞

則公正亦末由入也矣〔一三〕。不任所愛謂之公，惟義是從謂之明〔一四〕。齊桓公中材也，

末能成功業，由有異焉者矣〔一五〕。妾勝盈宮〔一六〕，非無愛幸也；羣臣盈朝，非無親近

也。然外則管仲射己〔一七〕，衛姬色衰〔一八〕，非愛也，任之也〔一九〕。然後知非賢不可任，非

智不可從也。夫此之舉弘矣哉〔二〇〕。膏肓純白〔二一〕，二豎不生，兹謂心寧〔二二〕。省闥清

淨〔二三〕，蘖孽不生，兹謂政平〔二四〕。夫膏肓近心而處阨〔二五〕，鍼之不逮〔二六〕，藥之不中，攻

之不可，二豎藏焉，是謂篤患〔二七〕。故治身治國者，唯是之畏〔二八〕。

〔一〕校補：資治通鑑三胡三省注：「致者，使之至也。」要讀去聲。問使國家得治理之關要在君否。

〔二〕黃注：天無獨運，君無獨理。校補：兩，指君與臣。廣雅釋詁：「立，成也。」謂國之治理成於

君臣。下文曰：「非君臣不成治。」

〔三〕校補：爾雅釋詁：「首，始也。」漢書律曆志「張蒼首律曆事」，顏師古注：「首，謂始定也。」「首
之」云云二句，謂始生物者，天地也；而統理物者，則爲君臣。

〔四〕校補：「先王之道致訓焉」，倒言之即致訓先王之道。致訓，盡順之也。致通至，故可訓盡，訓
極。國語吳語「飲食不致味，聽樂不盡聲」，致、盡互文，致亦盡也。秦策一鮑彪注：「致，言極
力。」訓、順古通，見上「君子有三鑒」節注。「亡斯須之間而違道」，謂片刻不違道。亡同無。
禮記祭義鄭玄注：「斯須，猶須臾也。」斯須即片刻。

〔五〕校補：「昔有」，謂昔有爲君者，省言之耳。「上致聖」，言上達於聖明。「由教戒」，從教戒也。
論語泰伯鄭玄注：「由，從也。」「因輔弼」，依仗輔佐也。吕氏春秋盡數高誘注：「因，依也。」書
爾雅釋詁：「弼、俌也。」「欽順四鄰」，敬順左右之臣也。爾雅釋詁：「欽，敬也。」書
益稷「欽四鄰」，僞孔傳：「四近前後左右之臣。」

〔六〕黃注：檢柙，猶法度也。言法度之臣常充左右也。校補：檢柙之臣，謂匡正君失之臣。檢柙
同檢押。漢書揚雄傳下顏師古注：「檢押，猶隱栝也。」按隱栝，謂矯正。

〔七〕校補：謂目不離禮法之典籍。吕氏春秋去宥高誘注：「度，法也。」孔子家語六本王肅注：
「曠，隔也。」

〔八〕盧校：「耳」字舊本作「身」，誤。校補：按「耳」與「言」義相貫。龍谿精舍本作「耳」，今據改。禮記曲禮下鄭玄注：「輟，猶止也。」謂耳不離先哲之言。

〔九〕校補：文選東京賦薛綜注：「宣，猶發也。」

〔一〇〕校補：經傳釋詞：「末，無也。」邪僻爲複語，淮南子精神高誘注：「僻，邪也。」謂不正之氣習無由染身。

〔一一〕盧校：黃氏疑「有間」上下皆缺一字，今案無缺。校補：按盧說是也。「有間，必有人之者矣」，間謂間隙。此承上文「禮度之典不曠於目，先哲之言不輟於耳，非義之道不宣於心，是邪僻之氣末由入也」言之，謂纔有間隙，則邪僻之氣必有乘隙而入者。

〔一二〕黃注：生於其心，害於其政。校補：楚辭九章懷沙王逸注：「志，念也。」僻志謂不正之意念。説文人部：「作，起也。」

〔一三〕校補：正塞，謂正道塞。玉篇人部：「入，納也。」「正塞則公正亦末由入」，言正道塞，則亦無由容納公正之臣，謂不能納賢也。

〔一四〕錢校：原本「所」作「不」，「義」作「公」，據治要改。校補：按錢改是，今從治要改。治要「謂之」並作「之謂」。

〔五〕校補：中材，謂才能中等。「末能」，{治要}「末」作「夫」，錢校據改。按此「末」訓終。{書立政}「我

則末惟成德之彥」，偽{孔傳}：「我則終惟有成德之美。」{孔穎達疏}：「末訓爲終。」「有異」謂有

異於常人之處。

〔六〕校補：{文選晉紀總論}「有殺戮姜膝」，六臣注引{劉良}曰：「膝亦妾類。」{說文皿部}：「盈，器滿

也。」引申爲充滿。

〔七〕黃注：雍林人殺無知，高、國先陰召小白於莒。魯聞無知死，亦發兵送公子糾，而使管仲別將

兵遮莒道，射中小白帶鉤。小白佯死，先入齊，高傒立之，是爲桓公。

〔八〕黃注：桓公好內，多內寵。如夫人者六人，長衛姬、少衛姬、鄭姬、葛嬴、潘密姬、宋華子也。{錢}

校：「衰」，原譌「妾」，校據{治要}改。校補：按錢校是。王本亦作「衰」，今據改。又此句首{錢}

據上句例增「內則」二字，於文當有。又注「潘密姬」，「潘」字衍文。密姬見{左傳僖公}二十七年。

「(內則)衛姬色衰」者，乃指衛姬雖人老色衰，桓公仍以其賢立爲夫人事。{列女傳}二稱{桓公}

「立衛姬爲夫人，號管仲爲仲父。曰：夫人治內，管仲治外，寡人雖愚，足以立於世矣」，傳又讚

衛姬「忠款誠信」。以上二句，意謂管仲雖嘗輔公子糾而射己，衛姬雖色衰，然桓公仍任之以治

內外，非愛管仲、衛姬也，乃其知人善任也。上文曰桓公「有異焉者」，即謂此。蓋其異乎常人

者，在知人而善用之以治內外，故雖中材而終能成其霸業。

〔一九〕黃注：言桓公非親暱管仲，欲其擔寄國事也。校補：按此「非愛」、「任之」，指管仲、衛姬內外二人言之。

〔二〇〕校補：弘訓大，引申有美善之義。文選王文憲集序六臣注引李周翰曰：「弘，善也。」

〔二一〕黃注：心下為膏。肓，鬲也。盧校：「肓」字舊本作「盲」，誤。下同。校補：注亦誤「盲」。庫本、龍谿精舍本並作「肓」，今據改，下同。

〔二二〕校補：謂身健無疵，則病無由侵，是謂心寧。「二豎」指痼疾，見下文黃注，出左傳成公十年。

〔二三〕校補：資治通鑑四十八「常入省宿止」，胡三省注：「省，禁中也。」後漢書張步傳「即帶劍至宣德後闥」，李賢注：「闥，宮中門也。」文選王仲宣誄「秉機省闥」，六臣注引吕向曰：「省闥，宮門。」按省闥，猶省門、省闈，泛指宮禁，特指後宮。後漢書楊秉傳「臣案國舊典，宦豎之官本在給使省闥，司昏守夜」，又宋皇后紀「諸常侍小黃門在省闥者，皆憐宋氏無辜」，省闥並指後宮。

〔二四〕校補：「不生」，治要作「不作」。穆天子傳六「天子使嬖人」，郭璞注：「嬖，所愛幸者。」說文子部：「孽，庶子也。」按妾為庶妻，故亦稱孽。資治通鑑十四「庶人孽妾」，胡三省注：「師古曰：孽，庶賤者。」此「嬖孽」指天子愛幸之姬妾，專寵誤國者。列女傳有嬖孽傳，如夏桀之末

喜，|殷紂|之|妲己|、|周幽王|之|褒姒|皆爲「嬖孽」也。〈|公羊傳|隱公元年|何休|注〉：「平，治也。」

〔三五〕校補：阨音烏懈切，同隘。〈集韻去聲十五卦〉：「隘，或作阨。」謂膏肓近心，處於險要之地。

〔三六〕校補：「逮」原作「遠」，|黃|注：「『遠』當作『達』。」按治要作「逮」，|錢|校據改，今從之。〈爾雅釋

言〉：「逮，及也。」

〔三七〕|黃|注：|晉侯|疾病，求醫于|秦|，|秦伯|使醫緩爲之。未至，公夢疾爲二豎子，曰：「彼良醫也，懼傷

我，焉逃之？」其一曰：「居肓之上，膏之下，若我何？」醫至，曰：「疾不可爲也。在肓之上，膏

之下，攻之不可，達之不及，藥不至焉，不可爲也。」校補：「篤患」，重病。〈文選陳情表〉「劉病日

篤」，六臣注引|李周翰|曰：「篤，病甚也。」

〔三八〕|黃|注：身畏二豎，國畏嬖孽。

或曰：「愛民如子，仁之至乎？」曰：「未也。」曰：「愛民如身，仁之至乎？」

曰：「未也。|湯|禱桑林〔一〕，|邾|遷于|繹|〔二〕，|景|祠于旱〔三〕，可謂愛民矣〔四〕。」曰：「何重

民而輕身也？」曰：「人主承天命以養民者也。民存則社稷存，民亡則社稷亡。故

重民者，所以重社稷而承天命也〔五〕。

〔一〕|黃|注：|湯|時大旱七年，太史占之，曰：「當以人禱。」|湯|曰：「吾所爲請雨者，民也。若以人禱，

吾請自當。」遂齋戒，剪髮斷爪，素車白馬，身嬰白茅，以身爲犧，禱于桑林之野。

〔二〕黃注：邾文公卜遷于繹，史曰：「利於民而不利於君。」邾子曰：「苟利於民，孤之利也。天生
民而樹之君，以利之也。民既利矣，孤必與焉。」左右曰：「命可長也，君何弗爲？」邾子曰：
「命在養民。死之短長，時也。民苟利矣，遷也，吉莫如之！」遂遷于繹。五月，邾文公卒。

〔三〕黃注：齊大旱，景公卜之，崇在高山廣水，欲祠靈山、河伯以禱。晏子曰：「祠之無益。君誠避
宮殿暴露，與靈山、河伯共憂，其幸而雨乎？」於是景公出野，暴露三日，天果大雨，民盡得種
樹。校補：注「民盡得種樹」，晏子春秋內篇諫上「樹」作「時」，說苑辨物作「樹」。按時通蒔，
與樹皆訓種植。

〔四〕黃注：「如子」，與子等耳。「如身」，與身等耳。

〔五〕黃注：社者，五土之神。稷者，於五土之中特指原隰之祇。古者立國，天子、諸侯、大夫皆立
社，而國喪則屋之，不受天陽也。故公羊傳云：「亡國之社掩其上，柴其下。」孟子曰：「民爲
貴，社稷次之，君爲輕。」言三君者之重民，爲欽奉天命以保社稷也。校補：說文示部：「社，地
主也。」主謂木、石所制之神位，「地主」即土神之神位也。獨斷上：「稷，五穀之長也。因以稷
名其神也。」社爲土神，稷爲穀神，因之祭祀土神、穀神之處所謂之社稷。白虎通社稷：「王者

所以有社稷何？爲天下求福報功。人非土不立，非穀不食。土地廣博，不可遍敬也；五穀衆

多，不可一一祭也。故封土立社，示有土也。稷，五穀之長，故立稷而祭之也。」按古重農，農爲

國本，有國有土者必立社稷以祭，故社稷又爲國家之代稱。悦此文所云「社稷」，即指國言。

或問曰：「孟軻稱人皆可以爲堯舜，其信矣乎〔一〕？」曰：「人非下愚，則皆可以

爲堯舜矣〔二〕。寫堯舜之貌，同堯舜之姓，則否〔三〕；服堯舜之制，行堯之道，則可

矣〔四〕。行之於前，則古之堯舜也；行之於後，則今之堯舜也。」或曰：「人皆可以爲

桀紂乎？」曰：「行桀紂之事，是桀紂也〔五〕。堯舜桀紂之事常並存於世，唯人所用

而已〔六〕。楊朱哭岐路，所通逼者然也〔七〕。夫岐路惡足悲哉！中反焉，若夫縣度之

厄素，舉足而已矣〔八〕。」

〔一〕錢校：原脱「乎」字，據治要補。校補：錢校是，今據補。孟子告子下：「曹交問曰：『人可

以爲堯舜，有諸？』孟子曰：『然。』」趙岐注：「答曰然者，言人皆有仁義之心，堯舜行仁義

而已。」

〔二〕黄注：下愚則不移。校補：「則皆」「皆」原作「愚」。錢校：「『愚』疑當作『皆』。治要無。」

按四庫本、王本並作「皆」，今據改。

〔三〕校補：淮南子本經：「雷震之聲，可以鼓鍾寫也。」高誘注：「寫，猶放斅也。」放斅即仿效。仿

〔四〕堯舜之貌，與堯舜同姓，則非堯舜，謂不行其道也。」「姓」治要作「性」，未是。

也。」錢校：「堯」下疑並脱「舜」字。治要同。校補：按於文當有二「舜」字。廣雅釋詁：「服，行

也。」行其制，行其道，則爲堯舜。

〔五〕黃注：本孟子語曹交意。

〔六〕校補：用，由也。見經傳釋詞。

〔七〕黃注：淮南子説林訓曰：「楊子見逵路而哭之，爲其可以南可以北。」高誘曰：「閔其別與化

也。」校補：按注「與化也」三字當衍。説林高誘注云：「道九達曰逵。憫其別也。」無「與化

也。」三字。「岐路」，岐同歧。逼讀爲副，音芳逼切。逼、副同從畐聲，並屬職部脣音字。禮記曲

禮上鄭玄注：「副，析也。」詩大雅生民釋文引説文：「副，分也。」助字辨略：「然，故也。」「所

通逼者然」，謂楊朱哭歧路，以其所通枝分之道故也。

〔八〕黃注：西域傳：「烏秅國西有縣度。縣度者，石山也。谿谷不通，以繩索相引而度去。」喻爲桀

紂。校補：注「烏秅國西有縣度」，漢書西域傳上「烏秅」作「烏秅」。惡音烏。反、返古今字。

「中反」，謂中道而返回也。「厄素」，未詳，疑當作「危索」。厄、危形似而誤。素、索古同音相

通，並鐸部心紐字。爾雅釋草「素華」，釋文：「素，又作索。」縣度山之危索，喻人迷入險途，黃

注所謂「喻爲桀紂」是也。「舉足而已」，謂舉足返回而已。按上文謂行堯舜則爲堯舜，行桀紂

則爲桀紂，其事並存於世，如歧路當前，在人之所由而已。悅意謂人若非不移之下愚，即爲不

善，改之則善也。比如遇歧路入迷途險境，則中道舉足而返可矣，何必如楊朱之哭歧路耶？

損益之符，微而顯也〔一〕。趙獲二城，臨饋而憂〔二〕；陶朱既富，室妾悲號〔三〕。

此知益爲損之爲益者也〔四〕。屈伸之數，隱而昭也〔五〕。有仍之困，復夏之萌也〔六〕；

鼎雉之異，興殷之符也〔七〕；邵宮之難，隆周之應也〔八〕；會稽之棲，霸越之基也〔九〕；

子之亂，强燕之徵也〔一〇〕。此知伸爲屈之爲伸者也〔一一〕。

〔一〕校補：謂損益相因之徵兆，始微而後顯。史記蘇秦列傳正義：「符，徵兆也。」

〔二〕校補：葉八白易傳十四：「然而盛者衰之根，盈者虛之原。趙獲二城，臨饋而憂；陶朱既富，

妻妾悲號。」即用申鑒此文。然「趙獲二城」二句，未知所指。黃於下文所舉諸事皆施注，唯此

二句無注，蓋亦未詳其事。

〔三〕黃注：范蠡既雪會稽之恥，乃乘扁舟浮於江湖，變名易姓，適齊爲鴟夷子皮，之陶爲朱公。洒

治產積居與時逐，三致千金，而再散分與貧友昆弟。後年衰老，聽子孫脩業而息之，遂至鉅萬，

故言富者稱陶朱。　〔校補〕：陶朱公事見漢書貨殖傳，然不聞有「室妾悲號」之事。按列女傳二有

陶答子大夫之妻，云「答子治陶三年，名譽不興，家富三倍。其妻數諫不用。居五年，從車百乘

歸休，宗人繫牛而賀之，其妻獨抱兒而泣。姑怒曰（按夫之母曰姑）：『何其不祥也！』婦曰：

『夫子能薄而官大，是謂嬰害（按嬰謂牽係）；無功而家昌，是謂積殃。』其後一年，答子之家果

以盜誅。其事與既富而「妻室悲號」正合。疑陶朱乃陶答子之誤。

〔四〕校補：盧校謂此句當作「此知益爲損，損之爲益者也」，脫一「損」字。按「損之爲益」連讀，「益

爲損之爲益者」，謂益乃損之而後有益者。如依盧說，則疑當作「此知益爲損，損爲益者也」，蓋

下「損」字作重文號二短橫，草寫相連，因誤爲「之」字。

〔五〕校補：謂屈伸相依之理，由隱而明。管子法法尹知章注：「數，理也。」按數訓理，謂理之必

然者。

〔六〕黃注：帝相之后，有仍國君女也。寒浞殺羿滅夏氏，時少康方在，相后懷妊，乃奔歸有仍之國，

而生少康，長爲仍牧正。夏有舊臣靡，自有鬲氏收二國之燼，舉兵滅浞，而立少康。校補：按

注「時少康方在」五字有誤。寒浞杀相滅夏，相后緡方妊，奔有仍後始生少康，事見左傳哀公元

年。

黄注下亦云「相后懷姙，乃奔歸有仍之國，而生少康」，則此處不當有此五字。或當讀「時少康方

在相后懷姙」九字爲一句，然文欠順。

〔七〕黄注：武丁祭成湯，有飛雉升鼎耳而雊，祖己訓諸王，武丁内反諸己，以思王道。三年，蠻夷編

髮重譯來朝者六國。鬼方無道，武丁伐而三年克之。殷道復興。

〔八〕黄注：邵宮，召公之室也。厲王出犇于彘，太子静匿召公之家，國人聞而圍之，召公乃以其子

代太子，太子竟得脱。長於召公家，二相乃共立之，是爲宣王。

〔九〕黄注：夫差二年，吳王悉精兵以伐越，敗之夫椒。越王勾踐乃以餘兵五千人保棲于會稽，使大

夫種因吳太宰嚭而行成，請委國爲臣妾。至十四年，勾踐伐吳，虜太子友。二十一年，越王滅

吳，夫差自到死。

〔一〇〕黄注：燕王噲讓國於其相子之，而國大亂。齊因伐之，遂大勝燕，噲死，子之亡。二年而燕人

共立太子平，是爲燕昭王。校補：注「伐之」「伐」原作「我」，據四庫本、龍谿精舍本改。

〔一一〕校補：盧校謂此句當作「此知伸爲屈，屈之爲伸者也」，脱一「屈」字。按「屈之爲伸」連讀，「伸

爲屈之爲伸者」，謂伸乃屈之而後有伸者。如依盧說，則疑當作「此知伸爲屈，屈爲伸者也」，蓋

下「屈」字涉重文號而誤爲「之」字。按悅言此，蓋諷諭獻帝當忍辱而圖自强。

人主之患，常立於二難之間。在上而國家不治，難也；治國家則必勤身苦思，矯情以從道，難也〔一〕。有難之難，闇主取之；無難之難，明主居之〔二〕。大臣之患，常立於二罪之間。在職而不盡忠直之道，罪也；盡忠直之道焉，則必矯上拂下，罪也〔三〕。有罪之罪〔四〕，邪臣由之；無罪之罪〔五〕，忠臣置之〔六〕。人臣之義，不曰「吾君能矣，不我須也〔七〕，言無補也」，而不盡忠。不曰「吾君不能矣，不我識也，言無益也」，而不盡忠〔八〕。必竭其誠，明其道，盡其義，斯已而已矣〔九〕，不已則奉身以退〔一〇〕，臣道也。故君臣有異無乖〔一一〕，有怨無憾〔一二〕，有屈無辱〔一三〕。人臣有三罪，一曰導非，二曰阿失〔一四〕，三曰尸寵〔一五〕。以非引上謂之導〔一六〕，從上之非謂之阿，見非不言謂之尸。導臣誅，阿臣刑，尸臣絀〔一七〕。進忠有三術，一曰防〔一八〕，二曰救〔一九〕，三曰戒〔二〇〕。先其未然謂之防，發而止之謂之救，行而責之謂之戒〔二一〕。防為上，救次之，戒為下。下不鉗口，上不塞耳，則可有聞矣〔二二〕。有鉗之鉗，猶可解也。無鉗之鉗，難矣哉。有塞之塞，猶可除也。無塞之塞，其甚矣夫〔二三〕。

〔一〕錢校：「難（也）」上治要並有「是」字。校補：荀子性惡「是以為之起禮義，制法度，以矯飾人

之情性而正之」，楊倞注：「矯，彊抑也（按彊即勉强之强）。」人主居上而國家不得治，是難爲

君也。欲治國家，則必勞苦其身心，抑制其性情以從於道義，是難爲人也。

〔二〕校補：闇同暗。「有難」、「無難」，指有難爲君、無難爲君。國之不治，乃暗主不能勞其身心，故

國亂而難爲君。是有難爲君之難者，暗主取之，以其不能任身心之勞也。欲國之治，則明主必

勞其身心，故國治而無難爲君。是無難爲君之難者，明主居之，以其能任身心之勞也。或讀

「有難」、「無難」之「難」去聲，似非。此與下文「有罪之罪」、「無罪之罪」文法一律，「難」字不

當平去兩讀。

〔三〕校補：漢書王莽傳上「拂世矯俗」，矯、拂互文，顏師古注：「拂，違也。」淮南子俶真高誘注：

「矯，拂也。」「矯上拂下」，謂牴牾人主、羣臣。

〔四〕黃注：謂不盡忠直之道。

〔五〕黃注：謂盡道而矯上拂下。

〔六〕校補：「置」治要作「致」，錢校據改。按「置」字不誤，讀爲值。詩商頌那鄭玄箋：「置，讀曰

植。」說文通訓定聲：「置，假爲值。」置、植、值並屬職部舌音字，段玉裁說文解字注謂「置」從

「直」得聲，是也。儀禮喪服賈公彥疏：「值者，當也。」文選皇太子釋奠會作詩李善注同。邪臣

不能盡忠箴諫，其罪誠爲不盡臣道之罪，故曰「有罪之罪」。「由之」，由讀如論語顏淵「爲仁由己」之由，聽任也。忠臣盡忠箴諫，至與人主、羣臣相牴牾而獲罪，其罪由於盡臣道，乃因無罪而獲罪，故曰「無罪之罪」。無罪之罪，則忠臣當之。

〔七〕校補：「人臣之義」，謂爲人臣之理。「不我須」，即不須我，倒言之。下文「不我識」句法同。

〔八〕黄注：孟子曰：「吾君不能，謂之賊。」校補：按注引孟子見離婁上，趙岐注：「言吾君不肖，不能行善，因不諫正，此謂賊其君也。」

〔九〕黄注：以道事君。校補：「斯已」，斯，乃；已，盡也。經傳釋詞：「斯，猶乃也。」文選詠懷詩〔六臣注引吕向曰：「已，盡也。」按「斯已而已」，言乃盡其事而已，承上「竭其誠，明其道，盡其義」言。

〔一〇〕黄注：不可則止。校補：「不已」，承上「斯已而已」言，謂不得盡其忠。廣雅釋詁：「奉，持也。」奉身即守身。經傳釋詞：「以，猶而也。」謂如盡忠而不得，則守身而退。奉身，謂持守其節操。退，謂不與暗主、佞臣同流也。

〔一二〕校補：玉篇心部：「乖，戾也，背也。」論語子路「君子和而不同」，謂雖所見各異而其心和，即此「有異無乖」之意。

〔二〕校補：國語周語上韋昭注：「怨，心望也（按望，猶責備）。」孔子家語五儀王肅注：「怨，咎。」玉篇心部：「憾，恨也。」謂有咎責而無仇恨。

〔三〕校補：謂有屈抑，而無受辱。

〔四〕校補：阿音烏何切。呂氏春秋長見「阿鄭君之心」，高誘注：「阿，從也。」下文曰「從上之非謂之阿」。

〔五〕校補：漢書朱雲傳「今朝廷大臣，上不能匡主，下亡以益民（按亡同無），皆尸位素餐」，顏師古注：「尸位者，不舉其事，但主其位而已。」論衡量知：「無道藝之業，不曉政治，默坐朝廷，不能言事，故曰尸位。」按禮記祭統鄭玄注：「尸，神象也。」尸本義為以人當祭祀之神像，凡尸皆默坐不言，故引申為居位而不為事。尸寵，謂無所事事於寵貴之位，即居上位而無作為也。

〔六〕錢校：治要「引」作「先」。校補：按周禮夏官大司馬鄭玄注：「先，猶道也（按道同導）。」先亦導引之義。

〔七〕黃注：紃與黜同，貶下也。

〔八〕黃注：防與導反。校補：謂防君之非，與「導非」反。

〔九〕黃注：救與阿反。校補：謂止君之失，與「阿失」反。

〔二〇〕黃注：戒與尸反。校補：謂告誡君，與「尸寵」反。儀禮士冠禮鄭玄注：「戒，警也，告也。」戒、誡古通用。

〔二一〕錢校：「止之」，治要作「進諫」。「防」下、「救」下、「戒」下，治要並有「也」字。校補：「先其未然」，謂事未成而先爲杜絕。

〔二二〕校補：說文金部：「鉗，以鐵有所劫束也。」漢書高帝紀下顏師古注：「鉗，以鐵束頸也。」鉗本束縛人之刑具，引申爲緘閉。莊子胠篋「鉗楊墨之口」，成玄英疏：「鉗，閉也。」字又作箝，漢書異姓諸侯王表「箝語燒書」，箝語謂禁言。亦作拑，史記秦始皇本紀「拑口而不言」。塞耳，謂不聽箴諫也。謂臣不緘默，君不拒諫，則下情可以上聞矣。

〔二三〕黃注：無鉗之鉗，無塞之塞，獻帝之時如此。校補：「有鉗之鉗」，謂人禁其言；「無鉗之鉗」，謂非人明禁之，乃懾於犯忌而自緘其口。「有塞之塞」，謂人不使之聞，「無塞之塞」謂非人明不使聞，乃懾於犯忌而自不聞。「甚矣」承上「難矣」言，謂其難益甚也。或解「有鉗之鉗」謂有鉗具挾其口，「有塞之塞」謂有什物堵其耳，皆以實物解之，則原文之意反淺，恐未是。禁人言、禁人聞，非人本不欲言、本不欲聞也，故曰「猶可解」、「猶可除」。若自甘閉其口、塞其耳，是本不欲言、本不欲聞也，故曰「難矣」、「甚矣」，謂無可解除也。獻帝之時，未有禁言之明令，然人懾於犯忌，故下不言而上不聞，注謂「無鉗之鉗，無塞之塞，獻帝之時如此」，是也。

或曰：「在上有屈乎？」曰：「在上者以義申，以義屈〔一〕。高祖雖能申威於秦項，而屈於商山四公〔二〕。光武能申於莽〔三〕，而屈於強項令〔四〕。明帝能申令於天下，而屈於鍾離尚書〔五〕。若秦二世之申欲而非笑唐虞〔六〕，若定陶傅太后之申意而怨於鄭〔七〕，是謂不屈。不然，則趙氏不亡而秦無懲尤〔八〕。故人主以義申，以義屈也。喜如春陽，怒如秋霜，威如雷霆之震，惠若雨露之降〔九〕，沛然孰能禦也〔一〇〕。

〔一〕黃注：義當申則申，義當屈則屈。校補：申同伸，謂伸志。屈，克己。

〔二〕黃注：四公者，東園公、綺里季、夏黃公、角里先生也。高祖欲易太子，大臣多争，未能得堅決。呂后以留侯計云「四公皆上所不能致者」，遂使人奉太子書迎至。及宴置酒，太子侍，四人者從太子。上怪，問，四人前對，各言其姓名。上迺驚曰：「吾求公，避逃我，今公何自從吾兒遊乎？」四人曰：「陛下輕士善罵，臣等義不辱，故恐而亡匿。今聞太子仁孝，恭敬愛士，天下莫不延頸願爲太子死者，故臣等來。」上曰：「煩公幸卒調護太子。」四人趨去。上目送之，召戚夫人指視曰：「我欲易之，彼四人爲之輔，羽翼已成，難動矣。」竟不易太子。所謂「屈於商山四

公」。校補：注「東園公」、「東」字據四庫本補。又注「角里先生也」，漢書張良傳「角」作

「角」，史記留侯世家索隱、後漢書鄭玄傳李賢注作「角」。角、角同，並音盧谷切。留侯世家索

隱引孔安國祕記又作「禄」。「申威於秦項」，謂滅秦、敗項羽。

〔三〕錢校：「申」下疑脱一字。校補：莽，王莽。光武帝滅新莽而中興漢室。

〔四〕黃注：陳留董宣爲雒陽令，湖陽公主蒼頭白日殺人，宣於夏門亭格殺之。主訴帝，帝召宣欲箠

殺之，宣曰：「陛下聖德中興，而縱奴殺人，將何以治天下乎？臣不須箠，請得自殺。」即以頭

擊楹，流血被面。帝令小黃門持之，使宣叩頭謝主。宣不從，彊使頓之，宣兩手據地，終不肯

俯。因敕强項令出，賜錢三十萬。所謂「屈於强項令」。

〔五〕黃注：尚書鍾離意也。顯宗即位，徵爲尚書，時交阯太守張恢坐臧徵還，伏法，以資物簿入大

司農。詔班賜羣臣，意得珠璣，悉以委地而不拜賜。帝怪而問其故，對曰：「臣聞孔子忍渴於

盜泉之水，曾參回車於勝母之間，惡其名也。此臧穢之寶，誠不敢拜。」帝嗟嘆曰：「清乎尚書

之言！」乃更以庫錢三十萬賜意。轉爲尚書僕射，車駕數幸廣成苑，意以爲從禽廢政，常當車

陳諫般樂遊田之事，天子即時還宮。所謂「屈於鍾離尚書」。

〔六〕黃注：二世曰：『吾聞之韓子曰：「堯舜采椽不刮，茅茨不翦，飯土塯，啜土形，雖監門之養，不

殼於此。禹鑿龍門，通大夏，決河亭水，放之海，身自持築臿，脛毋毛，臣虜之勞不烈於此矣。」

凡所爲貴有天下者，得肆意極欲，主重明法，下不敢爲非，以制御海內矣。夫虞夏之主，貴爲天子，親處窮苦之實，以徇百姓，尚何於法？」此所謂「非笑唐虞也」。校補：二世，秦始皇子胡亥，嗣始皇之位。

〔七〕黃注：傅太后，元帝健伃也，生定陶恭王，元帝崩，隨王歸國，稱定陶太后。成帝無繼嗣，太后賂趙昭儀，陰爲恭王子求漢嗣，又以從弟晏子爲王妃。明年，徵定陶王爲太子，是爲哀帝。帝即位，累尊太后爲皇太太后，太后父同產弟子孟子喜、中叔子晏、幼君子商、同母弟鄭輝子業俱封侯。太后既尊，後尤驕，與成帝母王太后語，至謂之嫗。陷馮太后以祝詛罪，令自殺。哀帝崩，王莽秉政，奏貶傅太后，號爲定陶恭王母。復奏發傅太后冢，以木棺代，去珠玉衣，歸定陶葬恭王冢次。孔鄉侯晏將家屬徙合浦，宗族皆歸故郡。趙皇后亦廢爲庶人。校補：注「同母弟鄭輝子業俱封侯」，程本、四庫本「輝」作「煇」。按字當作「惲」，鄭惲見漢書外戚傳下。又注「歸定陶葬恭王冢次」，漢書外戚傳下作「歸定陶葬丁姬媵妾之次」。丁姬，哀帝母也。「申意而怨於鄭」，鄭謂鄭崇。哀帝時崇爲尚書僕射，帝欲封祖母傅太后從弟商，崇諫止之，以爲壞亂制度，逆天人心，非傅氏之福。傅太后大怒曰：「何有爲天子乃反爲一臣所專制耶？」帝遂封商爲汝昌侯。事見漢書鄭崇傳。此所謂「申意而怨於鄭」也。

〔八〕校補：趙氏，指成帝趙皇后及其女弟昭儀等趙氏之族。姊娣二人受傅太后賂，敦促成帝立定

陶恭王子爲太子。後趙昭儀自殺。哀帝崩，趙皇后復貶爲庶人，亦自殺。見漢書外戚傳下。

「不然」，謂二世不申其欲、傅太后不申其意。言若非如此，則趙氏不致敗亡，而秦亦無過錯也。

按趙氏之敗，實因姊娣專寵後宮，侈靡亂政，非全因受傅太后賂一事。

〔九〕黃注：威、怒，言申；喜、惠，言屈。

〔一○〕校補：文選蜀都賦六臣注引李周翰云：「沛，水狀盛貌。」玉篇水部：「沛，滂沛也。」孟子梁惠

王上「天油然作雲，沛然下雨」，「沛然」言其雨勢甚盛。謂人主之申己、屈己皆由義，故其喜怒

恩威之勢，盛而不可抗禦。

或問曰難行〔一〕。曰：「若高祖聽戍卒，不懷居，遷萬乘不俟終日〔二〕；孝文帝不

愛千里馬〔三〕；慎夫人衣不曳地〔四〕；光武手不持珠玉〔五〕，可謂難矣〔六〕。抑情絕欲

不如是，能成功業者，鮮矣〔七〕。人臣若金日磾以子私謾而殺之〔八〕；丙吉之不伐〔九〕；

蘇武之執節〔一○〕，可謂難矣〔一一〕。」

〔一〕校補：錢校刪「曰」字。按王本作「或曰」，無「問」字。於文當依錢校作「或問」。據下文，此問

抑制性情欲望之難。

〔二〕黃注：齊人婁敬，戍隴西，過洛陽，脫輓輅，衣羊裘，因虞將軍見高祖，勸都秦地，張良又是其說，高祖即日車駕西都長安。校補：俟通竢，說文人部：「竢，待也。」「不俟終日」，謂即日而遷都。

〔三〕黃注：孝文時有獻千里馬者，帝曰：「鸞旗在前，屬車在後，吉行日五十里，師行日三十里，朕乘千里馬獨先，安之？」下詔不受。

〔四〕黃注：班固贊文帝身衣弋綈，所幸慎夫人衣不曳地。校補：古者上身之服曰衣，下身之服曰常（即裳也）。婦人上衣下裳相連，周禮天官內司服鄭玄注謂婦人「連衣裳，不異其色」是也。故曰「衣」乃並裳言之。「衣不曳地」，言其下裳短，不拖曳於地，謂節儉也。

〔五〕黃注：循吏傳叙曰：「光武身衣大練，色無重綵，耳不聽鄭衛之音，手不持珠玉之玩。」

〔六〕黃注：言三君者，以規獻帝也。

〔七〕校補：「抑情絕欲不如是」，猶言「不如是抑情絕欲」，倒言之耳。論語學而「而好犯上者，鮮矣」，集解：「鮮，少也。」按鮮讀上聲，字本作「尟」，俗又作「尠」，並音息淺切。

〔八〕黃注：日磾子二人，皆愛爲帝弄兒。其後壯大，不謹，自殿下與宮人戲，日磾適見之，惡其淫亂，遂殺弄兒，即日磔長子也。校補：漢書外戚傳下顏師古注：「謾，謾、慢並同嫚，說文女部：「嫚，侮易也。」私謾，指其子與宮人嬉戲，私下行爲褻嫚。謾與慢同。」按

〔九〕黃注：武帝末，吉以故廷尉監徵，詔治巫蠱郡邸獄。時宣帝生數月，以皇曾孫坐衛太子事繫。吉哀曾孫無辜，擇謹厚女徒，令保養曾孫，置閒燥處。望氣者言長安獄中有天子氣。上遣使一切殺之，吉閉門拒使者，得全曾孫。曾孫病，吉數敕乳母加致醫藥，視遇甚有恩惠，以私財物給其衣食。自曾孫遭遇，吉絕口不道前恩。至宮婢則自陳嘗有阿保之功，辭引使者丙吉知狀，上親見問，然後知吉有舊恩，而終不言。上大賢之，制詔丞相，封吉爲博陽侯。校補：論語憲問皇侃疏：「伐，謂有功而自稱。」

〔一〇〕黃注：武留匈奴凡十九歲，始以彊壯出，及還，鬚髮盡白，拜爲典屬國。校補：「執節」持守節操。後漢書安帝紀李賢注：「節，志操。」武使匈奴，二十年不降，於北海無人處牧羊。事見漢書本傳。

〔一一〕黃注：言三臣者，以諷操也。

〔一二〕或問厲志〔一〕。曰：「若殷高宗能葺其德，藥瞑眩以瘳疾〔二〕，衞武箴戒於朝〔三〕；勾踐懸膽於坐〔四〕，厲矣哉〔五〕。」

〔一〕校補：「厲」、勵古今字。下「厲矣哉」同。

〔二〕黃注：「瞑眩者，令人憤悶之意。」方言云：「凡飲藥而毒，東齊、海、岱間或謂之瞑，或謂之眩。」說命：「啟乃心，沃朕心。若藥弗瞑眩，厥疾弗瘳；若跣，弗視地，厥足用傷。」校補：「高宗，武丁也，殷之賢王，見書君奭。呂氏春秋重言高誘注：「殷人尊之，故曰高宗。」文選陶徵士誄六臣注引呂向曰：「葺，修也。」孟子滕文公上：「書曰：若藥不瞑眩，厥疾不瘳。」黃注引書說命乃偽古文，悅無由見而引逸篇也。瞑眩，藥攻人疾，先使瞑眩憒亂，乃得瘳愈。」趙岐注：「書，其事。偽說命文全襲用國語楚語上「靈王虐，白公子張驟諫」章引武丁作書之文，韋昭注：「瞑眩，頓瞀（按猶言昏眩），攻己之急也。瘳，愈也。」

〔三〕黃注：「武公和，釐侯子，年九十有五，猶箴儆于國曰：「自卿以下，至于師長、士，苟在朝者，無謂我老耄而舍，必恪恭于朝以交戒我。」又作賓之初筵、抑戒之詩以自警。」校補：「注「無謂我老耄而舍」，國語楚語上「舍」下有「我」字。按「舍我」，以老耄而捨棄我，謂不進諫。有「我」字是。又注「又作賓之初筵、抑戒之詩以自警」，「戒」字當衍，或當置「警」下。詩小雅賓之初筵序：「衛武公刺時也。」又大雅抑序：「衛武公刺厲王，亦以自警也。」

〔四〕黃注：「勾踐反國，乃苦身焦思，置膽於坐，坐卧即仰膽，飲食亦嘗膽也，曰：「女忘會稽之

「恥耶？」

〔五〕黄注：言此，欲獻帝勵志以再振漢業也。

寵妻愛妾，幸矣〔一〕。其爲災也，深矣。災與幸同乎？曰：得則慶，否則災〔二〕。戚氏不幸，不人豕〔三〕；趙昭儀不幸，不失命〔四〕；栗姬不幸，不廢〔五〕；鉤弋不幸，不憂殤〔六〕，非災而何〔七〕？若慎夫人之知〔八〕，班婕妤之賢〔九〕，明德皇后之德〔一〇〕，邵矣哉〔一一〕。

〔一〕校補：漢書伍被傳顏師古注：「幸，非望之福也。」幸謂幸運。

〔二〕校補：「得」，當讀作「德」。下文「邵矣哉」句下，黄注引此正作「德則慶」。古得、德字通。國語周語下「有慶未嘗不怡」，韋昭注：「慶，福也。」謂妻妾有德者，幸爲人主所寵則爲福，否則是災也。

〔三〕黄注：戚氏，戚夫人也。高帝愛幸戚夫人，常從之關東。呂后年長，常留守，希見益疏。屢欲立戚夫人子如意爲太子，不果。高帝崩，呂后乃令永巷囚戚夫人，髡鉗衣赭衣，令春。未幾，鴆殺趙王，遂斷戚夫人手足，去眼熏耳，飲瘖藥，使居鞠域中，名曰「人彘」。校補：言戚氏若非有爲人主所寵愛之幸，則不爲人彘。下解仿此。方言：「豬，關東西或謂之彘，或謂豕。」

〔四〕黃注：元帝始加昭儀之號，位視丞相，爵比諸侯王。顏師古曰：「昭顯其儀，示隆重也。」趙昭

儀者，孝成皇后趙飛燕女弟也。后寵衰而絕幸，昭儀居昭陽館，顓寵十餘年。成帝崩，民間歸

罪昭儀。皇太后詔治問皇帝起居發病狀，昭儀自殺。

〔五〕黃注：景帝立齊栗姬男爲太子，長公主嫖有女，欲與太子爲妃，栗姬妒，而景帝諸美人皆因長

公主見得貴幸，栗姬日怨怒，謝長主，不許。會薄皇后廢，長公主日譖栗姬，景帝心銜之，而未

發也。王夫人又陰使人趣大臣立栗姬爲皇后。大行奏事，文曰：「子以母貴，母以子貴，今太

子母號宜爲皇后。」帝怒，遂案誅大行，而廢太子爲臨江王。栗姬愈恚，不得見，以憂死。

〔六〕黃注：鉤弋夫人姓趙氏，昭帝母也。進爲倢伃，居鉤弋宮，大有寵。元始三年生昭帝，號鉤弋

子。姙身十四月乃生，武帝命其所生門曰堯母門。後欲立鉤弋子爲皇太子，以其年穉母少，恐

女主顓恣亂國家，猶豫久之。鉤弋夫人從幸甘泉，有過見譴，以憂死，因葬雲陽。校補：按〈說

文歹部〉：「殤，不成人也。」殤本謂夭折，此云「殤」，謂其以憂而早卒，未盡天年也。

〔七〕黃注：言戚氏、昭儀、栗姬、鉤弋，所謂「否則災也」。按靈帝何貴人甚有寵幸，性彊忌，光和三

年立爲皇后。時王美人姙娠，畏后，乃服藥欲除之，而胎安不動，後生皇子協，即獻帝也。何皇

后酖殺美人。至董卓立獻帝，乃遷何皇后於永安宮，亦酖弒之。悅以美人獻帝母也，不得顯

言，故申漢前事，以爲鑒戒。

〔八〕黄注：孝文所幸慎夫人，在禁中嘗與皇后同席坐，袁盎引卻慎夫人，夫人怒，上亦怒，盎曰：
「臣聞尊卑有序，則上下和。今既已立后，慎夫人乃妾耳，豈可同坐？陛下獨不見『人彘』
乎？」上悦，乃召語慎夫人，夫人賜盎金五十斤。校補：知，謂明理。

〔九〕黄注：婕妤之號自武帝始，位視上卿，爵比列侯。婕，言接幸於上也；妤，美稱也。班婕妤者，
彪之姑，況之女也。入後宫始爲少使，俄而大幸，爲婕妤，居增成舍。成帝嘗欲與婕妤同輦載，
辭止，太后以樊姬擬之。婕妤每進見上疏，依則古禮。至趙飛燕譖告許后、婕妤祝詛後宫，嘗
及主上，皇后坐廢，婕妤以善對免。因恐久見危，乃求共養太后長信宫。

〔一〇〕黄注：明德馬皇后，伏波將軍援之少女。爲顯宗貴人時，賈氏生肅宗，帝命貴人養之，撫育過
於所生。後有司奏立長秋宫，皇太后曰：「馬貴人德冠後宫，即其人也。」遂立爲皇后。愈自謙
肅，能誦易，好讀春秋、楚辭，尤喜周官、董仲舒書。常衣大練，裙不加緣，每於侍執之際，輒言
及政事，多所毘補，而未嘗以家私干。故寵敬日隆，始終無衰。校補：注「即其人也」「即」原
作「郎」，據程本、四庫本、龍谿精舍本改。

〔二〕黄注：邵，高也。言慎夫人、班婕妤、馬皇后，所謂「德則慶也」。

爲世憂樂者，君子之志也〔一〕。不爲世憂樂者，小人之志也〔二〕。太平之世，事閑而民樂徧焉〔三〕。

〔一〕黃注：公於四海，覆載之度。

〔二〕黃注：私於一己，形骸之見。

〔三〕黃注：君子所樂。校補：文選魯靈光殿賦張載注：「閑，清閑也。」按說文「閑」訓木欄，借爲「清閑」之「閑」。「事閑」，謂清閑無事，故民皆安樂。

使遽者揖讓百拜，非禮也〔一〕。憂者弦歌鼓瑟，非樂也〔二〕。禮者，敬而已矣〔三〕；樂者，和而已矣〔四〕。匹夫匹婦處畎畝之中，必禮樂存焉爾〔五〕。

〔一〕黃注：窘急者無敬，故不可以成禮。校補：禮記儒行釋文：「遽，急也。」禮記聘禮鄭玄注：「讓，謂舉手平衡也。」揖與讓，皆禮敬之儀式。下文曰「禮者，敬而已矣」，禮主心誠敬，急促者心不能誠敬，則雖揖讓百拜，亦不成禮敬。左傳昭公二十五年：「子大叔見趙簡子，簡子問揖讓，周旋之禮焉，對曰：『是儀也，非禮也。』」蓋揖讓百拜，徒爲儀耳，心不誠敬，則不成禮也。

〔二〕黃注：愁感者不和，故不可以爲樂。校補：樂，音五角切，音樂。說文木部：「樂，五聲八音總名。」荀子樂論「夫樂者，樂也」，上字音五角切，音樂也；下字音盧各切，和悅也。下文曰「樂者，和而已矣」，音樂主和悦，和悦生於心，心憂者雖撫弦而歌，彈瑟而舞，不成樂也。

〔三〕黃注：揖讓百拜云乎？ 校補：孝經廣要道：「禮者，敬而已矣。」唐玄宗注：「敬者，禮之本也。」

〔四〕黃注：弦歌鼓瑟云乎？ 校補：禮記樂記：「樂者，天地之和也。」

〔五〕黃注：敬、和斯須不離。 校補：詩大雅板孔穎達疏：「庶人無妾媵，唯夫婦相匹，故稱匹也。」匹夫匹婦，泛指庶民男女。 史記夏本紀集解引鄭玄注：「畎，田間溝也。」畎畝，泛指田地。 謂雖庶民之夫婦在田野者，必敬而和悦，不失禮樂之本也。

違上順道謂之忠臣〔一〕，違道順上謂之諛臣〔二〕。忠所以為上也，諛所以自為也〔三〕。忠臣安於心，諛臣安於身〔四〕。故在上者必察乎違順〔五〕，審乎所為〔六〕，慎乎所安〔七〕。廣川王弗察，故殺其臣〔八〕。楚恭王察之而遲，故有遺言〔九〕。齊宣王其察之矣，故賞諫者〔一〇〕。

〔一〕黃注：逆君從道，所謂違而得道者。

〔二〕黃注：逆道從君，所謂順而失義者。

〔三〕校補：二「為」字並讀去聲。

〔四〕校補：違上身不安，順上身安。違道心不安，順道心安。忠臣取心安，諫臣取身安。

〔五〕黃注：謂違上、違道，順上、順道。

〔六〕黃注：謂爲上、自爲。校補：爲亦讀去聲。

〔七〕黃注：謂安心、安身。校補：「慎」與上「察」、「審」並舉，慎亦審察之意。

〔八〕黃注：廣川惠王孫去，初年十四五，事師受易，師數諫正去，去益大，逐之。内史請以爲掾，師數令内史禁切王家，去使奴殺師父子。校補：「弗察」謂劉去不察其師違己順道之忠。

〔九〕黃注：成公十六年，楚子救鄭，不聽申叔之言。及戰，吕錡射恭王中目，敗於鄢陵。至襄公十三年，楚子疾，告大夫曰：「不穀不德，少主社稷，生十年而喪先君，未及習師保之教訓而應受多福，是以不德，而亡師於鄢，以辱社稷，爲大夫憂，其弘多矣。若以大夫之靈，獲保首領以歿於地，唯是春秋窀穸之事所以從先君于禰廟者，請爲『靈』若『厲』，大夫擇焉。」此所謂「遺言」也。校補：注「吕錡射恭王中目」，左傳成公十六年「恭」作「共」。「察之而遲」謂恭王悔不聽申叔之言。

〔一〇〕黃注：宣王喜文學遊説之士，自如鄒衍、淳于髡、田駢、接子、慎到、環淵之徒七十六人，皆命曰列大夫。爲開第康莊之衢，高門大屋，尊寵之，不治而議論。校補：「諫」，王本作「鑒」。經傳釋詞：「其，猶殆也。」按猶言近乎。「賞諫者」，「賞」指宣王開廣宅以尊寵鄒衍諸士；「諫者」指諸士不治事，唯議論而有所諫王也。

或問人君、人臣之戒。曰：「莫匪戒也〔一〕。」請問其要。曰：「君戒專欲，臣戒專利〔二〕。」

〔一〕校補：匪同非，謂無不爲君臣所當戒備者，故下文曰「請問其要」。

〔二〕校補：「專欲」獨肆其欲；「專利」獨佔利益。此節原連下節，今依錢校分出。

或問：「天子守在四夷，有諸？」曰：「此外守也。天子之內守在身。」曰：「何謂也？」曰：「至尊者，其攻之者眾焉。故便僻御侍攻人主而奪其財〔一〕，近幸妻妾攻人主而奪其寵〔二〕，逸遊伎藝攻人主而奪其志〔三〕，左右小臣攻人主而奪其行〔四〕，不令之臣攻人主而奪其事〔五〕，是謂內寇。自古失道之君，其見攻者眾矣，小者危身，大者亡國。鯀、共工之徒攻堯〔七〕，儀狄攻禹〔八〕，弗能克，故唐夏平〔九〕。南之威攻文公〔一○〕，申侯伯攻恭王〔一一〕，不能克，故晉楚興。萬眾之寇凌疆場，非患也〔一二〕；一言之寇襲於膝下〔一三〕，患之甚矣。八域重譯而獻珍〔一四〕，非寶也；腹心之人匍匐而獻善〔一五〕，寶之至矣。故明王慎內守，除內寇〔一六〕，而重內寶。

〔一〕校補：便僻同便辟。荀子儒效楊倞注：「便辟，謂左右小臣親信者也。」詩小雅六月鄭玄箋：「御，侍也。」便僻御侍，指君側之近侍。攻本訓攻擊，引申爲侵害。文選晉紀總論六臣注引張銑注：「攻，害也。」「攻人主而奪其財」，謂近侍蠱惑人主以詐其財。

〔二〕校補：戰國策魏策四鮑彪注：「近，親也。」「近幸」，愛幸。謂愛幸妻妾媚惑人主以擅寵。

〔三〕校補：漢書五行志上「去貴近逸遊不正之臣」，逸遊，謂縱樂而不事正事。伎通技。史記孟嘗君傳「無他伎能」，集解：「伎，亦作技。」謂嬉戲技藝之人迷惑人主以喪其志也。

〔四〕校補：行讀去聲，德行也。謂左右小臣惑人主，使人主失德也。

〔五〕校補：商君書算地「故國有不服之民，主有不令之臣」「不令」與「不服」互文，謂不從使令也。戰國策宋衛策「則君不奪太后之事矣」，高誘注：「事，政事也。」左傳昭公九年杜預注：「事，政令。」謂貳心之臣惑人主以奪其權。

〔六〕校補：詩小雅雨無正孔穎達疏：「見者，自彼加己之詞。」按猶今言「被」。

〔七〕校補：鯀、共工皆堯之臣，與三苗、驩兜並稱「四凶」，後堯殺鯀，流放共工。見書堯典、史記五帝本紀。

〔八〕校補：戰國策魏策二：「昔者帝女令儀狄作酒而美，進之禹，禹飲而甘之，遂疏儀狄，絕旨酒（按旨，味美），曰：『後世必有以酒亡其國者。』」

〔九〕校補：弗能克，謂鯀、共工之惡不能害堯，儀狄之酒不能惑禹。論語泰伯下集解引孔安國曰：「唐者，堯號。」公羊傳隱公元年何休注：「平，治也。」

〔一〇〕校補：戰國策魏策二：「晉文公得南之威，三日不聽朝，遂推南威而遠之，曰：『後世必有以色亡其國者。』」

〔一一〕校補：呂氏春秋長見載荊文王曰：「申侯伯善持養吾意（按持養即侍養、奉侍，猶言奉迎吾意），吾所欲則先我爲之，與處則安，曠之而不穀喪焉（謂隔而不見申侯伯，則我若有所失），不以吾身遠之，後世有聖人，將以非不穀。」荊文王即楚文王。事亦見新序一，而屬之楚共王。此云恭王，即共王。

〔一二〕校補：楚辭九歌國殤王逸注：「凌，犯也。」文選與陳伯之書六臣注引劉良曰：「疆場，邊陲也。」「場」從「易」，音羊益切。

〔一三〕錢校：以上百七十一字，原本並脫，據治要補。校補：按今據補。一言之寇，指上文御侍、妻妾、諸臣等以言惑人主者。膝下，謂近君身。云「一言」者，猶今云「一句話」，極言人主左右能惑主也。

〔四〕校補：上句「患之甚矣」下，黃注云：「（下）缺五字。」按據治要，此句原脱「八」字，「域」作「城」，錢校據治要改補，今從之。八域，中土外之八方異域。史記太史公自序「重譯款塞」，正義：「重譯，更譯其言也。」重讀平聲。異域遙遠，言語相隔，須輾轉遞相譯其言語，始曉其意，故曰「重譯」。獻珍，貢珍物異寶。

〔五〕校補：彗琳一切經音義十五引考聲：「匍匐，手據地伏行也。」引申爲盡力而爲。詩邶風谷風「匍匐救之」，鄭玄注：「匍匐，言盡力也。」獻善，謂進良言忠諫。

〔六〕錢校：「内寇」之「内」原作「外」，今據治要改。校補：今從治要改。

雲從于龍，風從于虎〔一〕，鳳儀于韶〔二〕，麟集于孔〔三〕，應也〔四〕。出於此，應於彼〔五〕，善則祥，祥則福，否則眚，眚則咎〔六〕，故君子應之〔七〕。

〔一〕黃注：易曰：「雲從龍，風從虎。」正義曰：「龍吟則景雲出，虎嘯則谷風生。」

〔二〕黃注：書曰：「簫韶九成，鳳凰來儀。」校補：注「來」下原脱「儀」字，據程本、四庫本、龍谿精舍本補，與書益稷合。簫韶，舜樂名，見書益稷。詩鄘風柏舟毛傳：「儀，匹也。」謂韶樂奏而鳳凰來相配。

〔三〕黃注：哀公十四年春，西狩獲麟。說左氏者云：「麟生於火而遊于土，中央軒轅大角之獸。」春

秋者，禮也。脩火德以致其子，故麟來而爲孔子瑞也。」陳欽云：「麟西方獸，孔子立言西方，故

來。」劉向、尹更始皆以爲應孔子而至，賈逵、服虔、潁容等皆以爲文成致麟，而杜氏悉無所取。

校補：注「春秋者，禮也」句上，當有「孔子作春秋」一句，見鄭玄駁五經異義獲麟。按左傳哀公

十四年：「春，西狩於大野，叔孫氏之車子鉏商獲麟（杜預注：車子，微者。鉏商，名），以爲不

祥，以賜虞人（杜預注：虞人，掌山澤之官）。仲尼觀之，曰：『麟也。』然後取之。」孔穎達疏引

服虔云：「仲尼名之曰麟，明麟爲仲尼至也。」按麟應孔子而至，實漢人讖緯之說，無稽之言，杜

注不取，是也。悦亦不信讖，此不過引典說事而已。

〔四〕校補：應讀去聲。廣韻去聲四十七證：「應，物相應也。」謂感應。

〔五〕校補：謂雲、風、鳳、麟出，應於龍、虎、韶樂、孔子。

〔六〕校補：玉篇目部：「眚，過也。」說文人部：「咎，災也。」

〔七〕黃注：言善否感應各從其類。校補：按「故君子應之」句上疑有脫文。又按此節原連上節，今

從錢校分出。

君子食和羹以平其氣〔一〕，聽和聲以平其志〔二〕，納和言以平其政〔三〕，履和行以

平其德〔四〕。夫酸鹹甘苦不同，嘉味以濟，謂之和羹〔五〕。宮商角徵不同，嘉音以章，雅度以平，謂之和聲〔六〕。臧否損益不同，中正以訓，謂之和言〔七〕。趨舍動静不同，雅度以平，謂之和行〔八〕。人之言曰「唯其言而莫予違也」，則幾於喪國焉。孔子曰：「君子和而不同〔九〕。」晏子亦云：「以水濟水，誰能食之？琴瑟一聲，誰能聽之〔一〇〕？」詩云：「亦有和羹，既戒且平。奏假無言，時靡有爭。」此之謂也〔一一〕。

〔一〕校補：詩商頌烈祖「亦有和羹」，孔穎達疏：「羹者，五味調和。」慧琳一切經音義五十三引考聲云：「切肉或菜，調以五味，謂之羹。」平亦調和之謂。左傳襄公二十九年「五聲和，八風平」，平、和互文，平亦和也。文選琴賦六臣注引呂向曰：「平，和調也。」「平其氣」，謂調和血氣。

〔二〕校補：「平其志」，謂調和心情也。按此「志」指情言。説文心部：「志，意也。」意念在内則爲志，發於外則爲情，故情亦或謂之志。左傳昭公二十五年「以制六志」，杜預注：「爲禮以制好、惡、喜、怒、哀、樂六志，使不過節。」孔穎達疏謂「六志」即「六情」。

〔三〕校補：「平其政」，謂調和政事，達於中正之治。

〔四〕校補：「平其德」，謂調和德行，合於中庸之道。

〔五〕校補：禮記禮運鄭玄注：「五味，酸、苦、辛、鹹、甘也。」此不言辛辣者，以上下句皆四字成文也。「嘉味以濟」，猶言「以酸鹹甘苦濟嘉味」。「以，猶因也。」義同今言「憑借」。

濟通齊，調和也。｛禮記｝｛少儀｝鄭玄注：「齊，和也。」齊音在計切，字又作「劑」。謂五味雖不同，因

五味而可配成嘉味，是謂調和之羹。

〔六〕校補：｛書｝｛舜典｝「聲依永」，偽｛孔傳｝：「聲謂五聲，宮、商、角、徵、羽。」此不云羽聲者，亦以四字成

文。「嘉音以章」，章同彰。謂五聲雖不同，因五聲而可彰顯嘉音，是謂協和之聲。

〔七〕校補：臧，以爲善也。｛說文｝｛臣部｝：「臧，善也。」否音並鄙切，以爲惡也。｛易｝｛師｝｛釋文｝：「否，惡

也。」損，貶之也；益，褒之也。凡於事之是非得失，人之所見不同，故謂之「臧否損益」。「中正

以訓」，訓通順，見前文「前惟順」注。「中正以訓」，即「以訓中正」。謂人言不同，褒貶各異，兼

聽之則不失偏頗，故云因衆言可從於中正之說。謂之「和言」者，衆言異同相濟，因其言而得中

正之言，是爲「和言」，亦猶五味不同而可成和羹之嘉味，五聲不同而可彰和聲之嘉音也。

〔八〕校補：趨，欲而取也；舍同捨，不欲而捨也。動，爲也；静，不爲也。趨舍動静，指人之所作所

爲言。「雅度以平」即「以平雅度」，謂調爲中規之行。｛玉篇｝｛隹部｝：「雅，正也。」度，規度、法度。

平，和調，見前「君子食和羹以平其氣」注。蓋人之於事，或取或捨，或爲或不爲，各有不同，調

和之以糾其偏，則行爲中於規矩，是謂「和行」。

〔九〕黃注：俱論語文。校補：論語子路：「人之言曰：『予無樂乎爲君，唯其言而莫予違也。』」不幾乎一言而喪邦乎？」邢昺疏：「言我無樂於爲君，所樂者，唯樂其言而不見違也。」按爲君者，兼聽則明，偏聽則暗。不廣納衆言，至於以人不違已言爲樂，是專斷之極，故有人云「唯其言而莫予違」者，不近乎一言而亡國哉。論語子路又云：「子曰：君子和而不同。」集解：「君子心和，然其所見各異，故曰不同。」

〔一〇〕黃注：晏子謂齊侯曰：今據不然，君所謂可，據亦曰可，君所謂否，據亦曰否。若以水濟水，誰能食之？若琴瑟之專壹，誰能聽之？同之不可也如是。」周太史伯告鄭桓公曰：「聲一無聽，物一無文，味一無果，物一不講。」校補：濟通齊，字亦作「劑」，見上「嘉味以濟」注。嘉味須五味調和，今以水調水，誰能食之甘口？嘉音須五聲協和，今琴瑟唯奏一聲，誰能聽之悅耳？以上舉論語、晏子語，皆誠人君宜開言路，議論務在寬厚，毋獨斷而黨同伐異。

〔一一〕黃注：詩殷頌文。亦晏子所引。校補：注「後漢劉曼山著辨和同之論」，則當時在位之闇偽阿媚可知矣。至獻帝時尤甚，故悦以爲言。按後漢劉曼山著辨和同之論，後漢書文苑列傳下「辨」作「辯」。「既戒且平，奏假無言」詩商頌烈祖作「既戒既平，鬷假無言」，按禮記中庸引「鬷」作「奏」，鬷、奏字通。左傳昭公二十年晏子引詩商頌烈祖「亦有和羮，既戒既平，鬷嘏無言，時靡有争」，杜預注：「詩頌殷中宗，言中宗能與賢者和齊可否，其政如羹，敬戒且平。和羹備五味，異於大羹。糳，總也。䰞，大也。言總大政，能使上下皆如和羹。」歐陽修詩本義十二云：「左傳魯昭二十年，晏子爲齊侯陳和、同之異，云『和如羹焉』者，其意本譏齊侯與子猶同欲，不得爲和也。因引和羹爲喻，以謂和者鹹酸異味相濟爲和，以喻君臣以可否相濟爲和，故曰『君臣亦然』。因引此頌云『亦有和羹』，但謂羹當以五味相和爾。古人引詩喻事，多不用詩本義，但取其一句足以曉意而已。」按歐陽説是也。晏子引烈祖詩「和羹」，其意乃比喻君臣以可否相濟爲和，如五味之成和羹，不宜同而不和，如一味之大羹也。故杜預亦因其意而注解，與本詩毛傳、鄭箋異。又按黃注劉曼山，即梁，字曼山，梁孝王武宗室後人。桓帝時舉孝廉，後召拜尚書郎，靈帝光和中卒。見後漢書文苑列傳下。其論和、同，略云：「夫事有違而得道，有順而失義，有愛而爲害，有惡而爲美，其故何乎？蓋明智之所得，闇偽之所失也。是以君子之於事也，無適無莫，必考之以義焉。得由和興，失由同起，故以可濟否謂之和，好惡不殊謂之同。春秋傳曰：『和如羹焉，酸苦以劑其味，君子食之以平其心。同如水焉，若以水濟水，誰能食之？琴瑟之專一，誰能聽之？』是以君子之行周而不比，和而不同，以救過爲正，以匡惡爲忠。」

雜言下第五

衣裳，服者不昧於塵塗，愛也〔一〕。衣裳愛焉，而不愛其容止，外矣〔二〕。容止愛焉，而不愛其言行，末矣〔三〕。言行愛焉，而不愛其明，淺矣〔四〕。故君子本神爲貴，神和德平而道通，是爲保真〔五〕。人之所以立德者三〔六〕，一曰貞，二曰達，三曰志。貞以爲質〔七〕，達以行之〔八〕，志以成之，君子哉〔九〕！必不得已也，守一於兹，貞其主也〔一〇〕。人之所以立檢者四〔一一〕，誠其心，正其志，實其事〔一二〕，定其分〔一三〕。心誠則神明應之，況於萬民乎〔一四〕？志正則天地順之，況於萬民乎〔一五〕？事實則功立〔一六〕，分定則不淫〔一七〕。曰：「才之實也，行可爲，才不可也〔一八〕。」曰：「古之所以謂才也本，今之所謂才也末也，然則以行之貴也〔一九〕。」無失其才，而才有失〔二〇〕。先民有言：『適楚而北轅者〔二一〕，曰：「吾馬良，用多，御善。」』此三者益侈，其去楚亦遠矣〔二二〕。遵路而騁，應方而動〔二三〕，君子有行，行必至矣〔二四〕。」

〔一〕黃注：昧，污闇。塗，泥也。衣裳者，身之法象，固不可不潔。校補：愛，讀如論語八佾「爾愛其羊，我愛其禮」之愛。｜禮記表記｜鄭玄注：「愛，惜也。」愛謂珍惜。下文同。

〔二〕｜黃注：容止者，人之符表，尤不可不正。｜校補：｜禮記月令｜鄭玄注：「容止，猶動靜。」｜孝經聖治

「容止可觀」，｜唐玄宗注：「容止，威儀也。」容止謂儀容舉止。珍惜衣裳而無視舉止，則僅重服

飾外表也，故曰「外矣」。

〔三〕｜黃注：言行者，人之樞機，尤不可不慎。｜校補：僅珍惜舉止，不重言行，是尚猶重末而輕本也，

故曰「末矣」。

〔四〕｜黃注：明者，心之神哲，尤不可不瑩。｜校補：｜錢校「明」上補「神」字，云「依下文補」。按此

「明」指心明，故｜黃注云「明者，心之神哲」。下句「故君子本神爲貴」，「神」亦即神智，承此

「明」字言。若下文「心誠則神明應之」，彼「神明」指神祇，與心明無涉，｜錢補未是。｜玉篇明

部：「明，察也。」商君書修權：「不蔽之謂明。」新書道術：「知道者謂之明。」凡心之達理、知

人知事皆謂之明。僅珍惜言行，不重心之明察，則所惜猶淺。

〔五〕｜校補：｜黃帝內經素問八正神明論｜王冰注：「神，神智通悟。」神謂精神、神智。｜淮南子精神：

「神者，心之寶也。」｜文選漢書述高紀第一｜李善注：「以內知外曰神。」「心之寶」、「以內知外」，

即神智之謂，猶今言意識。｜說文木部：「木下爲本。」本即樹木之根。此「本神」之「本」作動字

用。「君子本神爲貴」，言君子貴以神智爲根本，蓋神智清則心明也。「神和德平而道通」，和、

平互文，平亦和也。玉篇亏部：「平，和也。」謂神智和泰，德行中和，則通於正道。莊子秋水

「是謂反其真（按反同返）」，成玄英疏：「是謂反本還原，復其真性者也。」真者，人之天性。

「保真」，謂守己之本性，不染於外邪。按上文謂衣裳不污於塵泥云云，逐次申説，至此「保真」

收結。

〔六〕校補：德，德行。

〔七〕黄注：質，實也，主也。校補：廣雅釋詁：「貞，正也。」獨斷下：「清白自守曰貞。」貞謂正直

純一。

〔八〕校補：廣雅釋詁：「達，通也。」論語顏淵集解引孔安國曰：「達，謂通於物理。」達謂通達事理。

「達以行之」，謂明理以行事。

〔九〕校補：「志以成之」，謂立志以成事。「君子哉」，謂如此乃爲君子。

〔一０〕校補：「必不得已」，承上「立德者三」言，謂若必不能三者兼立。「守一於兹」，兹，此也，指己

身。三者不能兼立，則守身以貞爲主。

〔一一〕校補：荀子儒效楊倞注：「檢，束也。」「立檢」謂約束己身。

〔二〕校補：「實其事」，行事務實。

〔三〕校補：守定本分。

〔四〕黃注：誠格幽明。校補：左傳莊公三十二年：「神，聰明正直而壹者也。」故神謂之「神明」。禮記表記鄭玄注：「神明，羣神也。」「況於萬民乎」，謂心誠神猶應己，況在萬民乎？言萬民皆應。下句解仿此。

〔五〕黃注：正通上下。

〔六〕黃注：表裏相顧。校補：事務實，則功成而不虛。

〔七〕黃注：思不出位。校補：詩周南關雎孔穎達疏：「淫，過也，過其度量謂之爲淫。」凡過度、過分、過甚皆謂之淫。「分定則不淫」，分讀去聲，謂守定本分則無肆意之行、縱心之念也。

〔八〕校補：此「曰」爲或曰。「才之實也」。「才之貴也」語似未完，疑文有脫誤。或「實」當作「貴」，字之誤也。下文悦曰「然則以行之貴也」，即承此「才之貴」而答。又下節或曰「聖人所以爲貴者，才乎」，故此曰「才之貴也」。行讀去聲。德行在於修治，故曰「行可爲」。才能秉於天授，故曰「才不可也」，言不可修爲。又按自此以下所論，與上文無涉，疑當屬下節。

〔九〕校補：此「曰」爲悦之答或曰。「所以」當作「所謂」，與下句一例。「本」指有德之才，「末」指無德之才。古之所謂「才」者，謂德才兼備也。離德則謂之「不才」。左傳文公十八年謂昔高陽氏、高辛氏皆有才子八人，號「八元、八凱」，或稱其「齊聖廣淵，明允篤誠」，或稱其「忠肅共懿，宣慈惠和」，皆以有德而稱才。又謂帝鴻氏、少皞氏、顓頊有不才之子，或稱其「掩義隱賊，好行凶德」，或稱其「毀信廢忠，崇飾惡言」，或稱其「傲狠明德，以亂天常」，皆以無德而謂之不才。然則才之所貴在德，視其行之何如，故曰「以行之貴」，猶言貴以行之。

蓋無德行則才反使人有失。

〔三〇〕校補：「無失其才」，謂人毋失才之所用，蓋有德行則得其才之用。「而才有失」，謂才誤人也，

〔三一〕校補：爾雅釋詁：「適，往也。」「轅」作動字用，謂駕轅而驅車。「北轅」，車北行也。

〔三二〕黃注：此喻爲不善而有才者。校補：戰國策魏策四，季梁謂魏王曰：「今者臣來，見人於大行（鮑彪注：行，道也），方北面而持其駕，告臣曰：『我欲之楚。』臣曰：『君之楚，將奚爲北面？』曰：『吾馬良。』臣曰：『馬雖良，此非楚之路也。』曰：『吾用多（高誘注：用，資也）。』」臣曰：『用雖多，此非楚之路也。』曰：『吾御者善。』此數者愈善，而離楚愈遠耳。」按悅引此事，以喻有才而無德，則才愈多而失之愈遠，即注所謂「此喻爲不善而有才者」也。

〔三三〕黃注：不至於適楚北轅。

〔二四〕黃注：此喻爲善而有才者。校補：文選七命六臣注引呂向曰：「應，從也。」循其路、從其方而行，則行必至。按此喻君子有才，必以德用之。即注所謂「此喻爲善而有才者」。

或問：「聖人所以爲貴者，才乎？」曰：「合而用之，以才爲貴〔一〕。分而行之，以行爲貴〔二〕。舜禹之才而不爲邪，甚於〔三〕矣〔四〕；舜禹之仁，雖亡其才，不失爲良人哉〔五〕。」

〔一〕黃注：如元、愷之類，才配乎德，體用兼全，故聖人貴才。

〔二〕黃注：若徒有智能技藝，而不本於德，末之尚矣。校補：「分而行之」謂德、才單用之，行讀平聲，施用也。「以行爲貴」，「行」讀去聲，德行也。

〔三〕黃注：缺字。

〔四〕黃注：此所謂合而用之，以才爲貴也。校補：按據下文曰「舜禹之仁，雖亡其才，不失爲良人哉」，則此「甚於」下當脫「亡」字。論語衛靈公「民之於仁也，甚於水火」，皇侃疏：「甚，猶勝也。」亡，無也。人有舜禹之仁，雖無其才，猶不失爲良人。人有舜禹之才而不爲邪，則有其仁而兼有其才也，是則勝於無其才，故曰「舜禹之才而不爲邪，甚於亡矣」。與下文對勘，則此處脫一「亡」字甚明。

〔五〕黄注：此所謂分而行之，以行爲貴也。

或問：「進諫、受諫孰難？」曰：「後之進諫難也，以受之難故也〔一〕。若受諫不難，則進諫斯易矣〔二〕。」

〔一〕黄注：後，謂後世。言臣畏犯顏，由君拒諫而然。

〔二〕黄注：主明臣直。校補：經傳釋詞：「斯，猶乃也。」

或問：「知人、自知孰難？」曰：「自知者，求諸內而近者也〔一〕；知人者，求諸外而遠者也，知人難哉〔二〕。若極其數也，明有內以識，有外以暗〔三〕。或有內以隱〔四〕，有外以顯〔五〕。然則知人、自知，人則可以自知，未可以知人也，急哉〔六〕。用己者，不爲異則異矣〔七〕。君子所惡乎異者三，好生事也，好生奇也，好變常也。好生事則多端而動衆〔八〕，好生奇則離道而惑俗，好變常則輕法而亂度。故名不貴苟傳，行不貴苟難〔九〕。權爲茂矣，其幾不若經〔一〇〕；辯爲美矣，其理不若絀〔一一〕；文爲顯矣，其中不若樸〔一二〕；博爲盛矣，其正不若約〔一三〕。莫不爲道〔一四〕，知道之體，大之至也〔一五〕。莫不爲妙，知神之幾，妙之至也〔一六〕。莫不爲正，知〔一七〕正之〔一八〕，正之至也。故君子必存乎三至，弗至，斯有守無詝焉〔一九〕。」

〔一〕黃注：反觀內省，神明莫遁，自知易也。

〔二〕黃注：密意深心，矯言飾行，知人難也。

〔三〕黃注：明於自知，昧於知人。

〔四〕校補：「或」原作「全」，據王本、龍谿精舍本改。

〔五〕黃注：昧於自知，明於知人。校補：上「明有內以識」句不可通，注謂「明於自知」，又注下句「或有內以隱」謂「昧於自知」，然此四句皆論知人之難，非論自知也。疑「明有內以識」當作「或有內以明」。文當作「若極其數也，或有內以明，有外以暗；或有內以隱，有外以顯」。以猶而也，見經傳釋詞。言或有內而明，有外而暗；或有內而隱，有外而顯也。此以「明」與「暗」對，「隱」與「顯」對，明暗亦即隱顯，四句之意實祇二句。「若極其數也」乃承上「知人難哉」言，謂若盡計數知人之所以難者。玉篇木部：「極，盡也。」說文攴部：「數，計也。」要言之，此謂若盡計數知人之難，則人或內顯而隱其外，或外顯而隱其內。蓋言人之內心與外表不一，或心意昭然可測，而不露於外；或外佯爲此，而內則意在彼，故謂知人難。按悅此論當有所感而發，觀韓非子說難一篇，備言知人議事之難，與悅之當時朝議難測相似，則可揣度悅言此之意。

〔六〕黃注：二者較之，知人固難，而自知爲急也。　校補：注似嫌增字解文。蓋原文僅云「急哉」，不當演爲二者相較，自知爲急。今按管子問「舉知人急」，尹知章注：「急，困難也。」急有窘困、爲難之義。此云「急哉」者，承上「未可以知人」言，謂知人難哉。上文亦云「知人難哉」，此云「急哉」，急亦難也。

〔七〕校補：按此下一段，與上文論自知、知人無涉，當是他節之文而誤錯於此節。論語公冶長「其行己也恭」，墨子貴義「今士之用身，不若商人用一布之慎也」，「用己」即行己、用身，猶言處身行事。「不爲異則異矣」，爲讀去聲，「則」於義當爲「而」，經傳釋詞：「則，猶而也。」下曰「君子所惡乎異者三」，故此云君子行己，不爲立異而故爲異也。

〔八〕校補：多端，謂事多紛挐；動衆，勞衆也。

〔九〕黃注：言生事、生奇、變常三者，其名苟傳之名，其行苟難之行，何貴之有？　校補：苟，苟且。只圖傳名於後，只圖行難事以立異，而不顧其當否，是謂「苟傳」、「苟難」。

〔一〇〕黃注：權不如經。　校補：韓詩外傳二：「常謂之經，變謂之權。」經謂常法，權謂權變。「茂」與下「美」、「顯」、「盛」義同，皆謂其外光美。法言先知「或問爲政有幾」，李軌注：「幾，要也。」幾同機，本義爲弩牙，引申爲機要、關鍵。謂權變雖顯於一時，其於得事之關要則不如常法。

〔一〕黃注：辯不如訥，老子曰：「大辯若訥。」校補：訥、拙同聲相通。說文手部：「拙，不巧也。」拙訓不巧，引申有樸實無華之義。韓非子說林上「詐巧不如拙誠」，老子四十五章「大巧若拙」拙皆謂樸拙。謂巧辯雖悅耳，其於得事理則不及率真之言也。

〔二〕黃注：文不如樸。校補：文與樸對，文謂文飾。中讀去聲。漢書成帝紀「舉錯不中（按錯同措）」，顏師古注：「中，當也。」謂文飾雖耀眼，不如質樸之允當也。

〔三〕黃注：博不如約。校補：謂博學雖宏盛，不如精約之得其正理也。

〔四〕黃注：「道」當作「大」。

〔五〕校補：按黃校「莫不爲道」當作「莫不爲大」，是。爲猶求也。戰國策東周策「徐爲之東」，鮑彪注：「爲，猶謀求也。」謂無有不求大，而知道之體要，是大之至也。

〔六〕校補：妙謂玄妙。幾同機，關要，見上「其幾不若經」注。易繫辭上「陰陽不測謂之神」，韓康伯注：「神也者，變化之極，妙萬物而爲言，不可以形詰者也（按謂變化莫測，不可推究其形）。」孔穎達疏：「本其所由之理，不可測量之謂神也。」莊子天地「立之本原，而知通於神」，成玄英疏：「神者，不測之用也。」按行之變化無測、謀之出人意表，謂之神。如神技、神巧、神算、神謀、神思，皆謂其玄妙神奇、變幻莫測也。謂無有不求玄妙，而知神妙之關要者，是妙之至也。

〔七〕黃注：缺一字。

〔八〕黃注：缺一字。校補：按上文「知道之體」、「知神之幾」皆四字成文，此「正之」上下若各缺一字，則五字爲文，與上不一律。疑當作「知□之正」，今本作「知正之」，脫一字而文又誤倒。

〔九〕校補：管子七法「存乎聚財」，尹知章注：「存，謂專立意以存之。」按存謂意念所在，即專注、留意。詩同悖，説文「悖」爲「誖」之或體。漢書外戚傳下「詩天犯祖」，顏師古注：「詩，違也。」謂君子必專注於至大、至妙、至正。若「三至」不能至，則有所守而毋違。守者，下節所謂「聖典」是。按下節云「或問守」云云，即承此「有守無詩」而問，疑本當屬一節之文。

或問守。曰：「聖典而已矣〔一〕。若夫百家者，是謂無守〔二〕。莫不爲言，要其至乎？莫不爲道，聖人其弘矣〔五〕。聖人之道，其中道矣〔三〕。莫不爲德，玄其奧矣〔四〕。是爲九達〔六〕。

〔一〕黃注：聖典謂六經。

〔二〕校補：謂百家之言不能執守聖人之道，故曰「無守」。百家，諸子也。

〔三〕校補：按下節云「辭約謂之要」，要謂精要、旨要。玉篇至部：「至，極也。」謂無不有言，其能辭約意深，是言之最上也。

〔四〕校補：荀子正名楊倞注：「玄，深隱也。」書舜典「玄德升聞」偽孔傳：「玄謂幽潛，潛行道德。」國語周語中韋昭注：「奧，深也。」謂無不行德，能潛行其德，是德之深也。

〔五〕黃注：言聖典百家皆言、皆德、皆道，而唯聖典爲至、爲奧、爲弘也。校補：「聖人其弘矣」弘，大也，謂聖人之道爲大。

〔六〕黃注：爾雅曰：「九達之謂逵。」謂四道交出，復有旁通也。言聖道無所不達，百家則私蹊曲徑而已。校補：注「九達之謂逵」「逵」原作「達」，據程本、四庫本改，與爾雅釋宮合。孟子盡心下：「孔子豈不欲中道哉？」趙岐注：「中正之大道也。」按中道即中庸之道，所謂不偏不倚者。無所偏倚則無所差失，無往而不順，如道路之無所不達，故曰「是爲九達」。

或曰：「辭，達而已矣〔一〕。」「聖人以文，其隩也有五〔二〕，曰玄，曰妙，曰包，曰要，曰文。幽深謂之玄〔三〕，理微謂之妙〔四〕，數博謂之包〔五〕，辭約謂之要〔六〕，章成謂之文〔七〕。聖人之文成此五者，故曰不得已〔八〕。」

〔一〕校補：達，謂達意。論語衛靈公：「子曰：辭，達而已矣。」皇侃疏：「言語之法，使辭足宜達其事而已，不須美奇其言，以過事實也。」朱熹集注：「辭取達意而止，不以富麗爲工。」此蓋或問論語「辭達」之義。

〔三〕校補：「聖人」云云以下，乃｜悦之言。「聖人以文」四字當爲句。｜玉篇人部：「以，用也。」｜楚辭
　　九章涉江「忠不必用兮，賢不必以」，用、以互文，｜王逸注：「以，亦用也。」隩通奧。謂聖人行文，
　　其精奧者有五。或讀「聖人以文其隩也有五」爲一句，則謂聖人以五者文飾其精奧。按前讀
　　義長。

〔三〕黃注：渾渾若川，不可窮測。校補：玄，謂意之深。

〔四〕黃注：奧發天地，幾宣鬼神。校補：妙，謂理之精。｜荀子解蔽｜楊倞注：「微，精妙也。」

〔五〕黃注：辭兼費隱，義徹上下。校補：｜荀子勸學「其數則始乎誦經」，｜楊倞注：「數，術也。」包，謂
　　術之廣。

〔六〕黃注：簡而不繁，要而不縟。

〔七〕黃注：炳若丹青，光如日月。校補：章，謂有文采。｜玉篇音部：「章，采也。」字同「彰」。

〔八〕校補：按云「故曰」者，則言「不得已」於上文當有所承應，今並無相應之語，疑此節有脱文。

君子樂天知命，故不憂〔一〕。審物明辨，故不惑〔二〕。定心致公，故不懼〔三〕。若
乃所憂懼則有之，憂己不能成天性也，懼己惑之〔四〕。憂不能免，天命無惑焉〔五〕。

〔一〕黃注：易繫辭文。仁，故不憂。校補：｜易繫辭上：「樂天知命，故不憂。」｜韓康伯注：「順天之

化，故曰樂也。」孔穎達疏：「順天施化是歡樂於天，識物始終是自知性命。順天道之常數，知

性命之始終，任自然之理，故不憂也。」按古謂命之窮通、壽夭皆稟受於天，故順天而樂，知命而

不自憂，以盡己天命之終始也。

〔二〕黃注：「知，故不惑。」校補：「明辨」爲複語，文選陶徵士誄六臣注引呂延濟曰：「辨，明也。」審

察事物明晰，故不惑。

〔三〕黃注：勇，故不懼。校補：說文宀部：「定，安也。」

〔四〕校補：天性，即下「天命無惑焉」之「天命」。書西伯戡黎「不虞天性」，孔穎達疏：「而王不度

知天命所在。」是天性即天命。「不能成天性」，謂不能盡天命。書益稷孔穎達疏引鄭玄注：

「成，猶終也。」下節云「故驕則奉之不成，濫則守之不終」，亦以成、終互文。此承上「君子樂天

知命」言，謂憂己不能樂天而盡命。「懼己惑之」承上「審物明辨，故不惑」言，謂懼己不能明

察於事。

〔五〕校補：憂己不能順天命而終，則憂不可免，蓋唯憂之，而後能慎行順天命也。然雖憂之，於天

命則不可有惑。

或問性命。曰：「生之謂性也，形、神是也〔一〕。所以立生、終生者之謂命也，吉

凶是也〔二〕。夫生我之制，性命存焉爾〔三〕。君子循其性以輔其命，休斯承，否斯

守〔四〕，無務焉，無怨焉〔五〕。好寵者乘天命以驕〔六〕，好惡者違天命以濫〔七〕，故驕則奉

之不成〔八〕，濫則守之不終〔九〕。好以取怠〔一〇〕，惡以取甚〔一一〕，務以取福〔一二〕，惡以成

禍〔一三〕，斯惑矣。」

〔一〕黃注：此本告子之說，以氣言性。莊子曰：「性者，生之質也」。

〔二〕黃注：吉凶，貧富貴賤、壽夭禍福之類。此亦以氣言命。校補：性、命對言有別，性謂秉性，命

謂生命，見俗嫌篇「或問凡壽者必有道」一節注。生來所稟受者謂之「性」，如形體、神智是也，

故曰「生之謂性也，形、神是也」。立生終其一世，其壽之長短、運之通塞有吉有凶，謂之命，故

曰「所以立生、終生者之謂命也，吉凶是也」。注云：「此本告子之說，以氣言性。」按告子言

「生之謂性」，見孟子告子上。朱熹集注以性爲「人之所得於天地之理」，生爲「人之所得於天

地之氣」，實即以神、形所秉分言之。此文曰「性」者，合神、形言之，故注謂「以氣言性」。按

「理氣」乃理學之說，與此無涉。

〔三〕校補：「焉」字原作墨丁，據程本、四庫本、王本、龍谿精舍本補。制，謂定制。人生來有性有

命，此一定不移者，故曰「制」。

〔四〕黃注：休，吉；否，凶。校補：注「休」、「否」二字原作墨丁，據程本補。「循其性以輔其命」，謂順其天賦之性以輔其天命之終始。否，音並鄙切。易釋文：「否，塞也。」又：「休，美也。」休、否指命言，謂命通則承之，命窮則守之。此即易繫辭上「樂天知命」之謂。

〔五〕黃注：富貴無務，貧賤無怨。校補：呂氏春秋孝行高誘注：「務，猶求也。」

〔六〕黃注：好寵者為勢位所溺，故乘富貴之命而驕，則踰節陵分之事興矣。校補：好讀去聲，下並同。「好寵」，好尊榮。國語楚語上韋昭注：「寵，榮也。」

〔七〕黃注：好惡者為饑寒所逼，故違貧賤之命而濫，則苟且邪僻之行作矣。校補：「好惡」，好行惡也。論語衛靈公「小人窮斯濫矣」，集解：「濫溢為非也。」

〔八〕黃注：「奉」當作「承」。不成承休。校補：按黃校是。此句承上「休斯承」言。「不成」與下句「不終」互文，成亦終也，見上節「憂已不能成天性也」句注。謂驕則承其休美之命不能終。

〔九〕黃注：不終守否。校補：此句承上「否斯守」言。

〔一〇〕校補：按「好」，當作「寵」。今本「寵」作「好」者，疑後人據下句「惡以取甚」妄改，以好、惡對文。不知此「寵以取怠」乃承上文「好寵者乘天命以驕」言之，下句「惡以取甚」乃承上文「好惡者違天命以濫」言之也。怠、殆同聲相通。說文歹部：「殆，危也。」

〔二〕校補：甚、湛同聲相通。莊子天地「沐甚雨」，釋文引崔譔本「甚」作「湛」。說文水部：「湛，没
也。」「惡以取甚」謂行惡者自取傾没。

〔三〕校補：按上文曰「無務焉」，黃注：「富貴無務。」此云「務以取福」，則於義不順。上下文云
「甚」、云「禍」，皆言其終不得善果，云「取福」則不類。福疑讀爲逼，同從「畐」得聲。
冨亦即「逼」之古字，又作「偪」。戰國策齊策三「福三國之君」，姚宏校引劉敞本「福」作「逼」。
晉書音義卷中列傳八：「逼，或作福。」並其相通之例。取逼，謂自取困迫也。

〔三〕黃注：「惡」當作「怨」。怨則不守，不守則濫，故曰成禍。校補：按黃校是。「怨」承上文「無
怨焉」言。

或問天命、人事。曰：「有三品焉〔一〕。上下不移，其中則人事存焉爾。命相近
也，事相遠也，則吉凶殊矣〔二〕。故曰：窮理盡性以至於命〔三〕。孟子稱性善〔四〕，荀
卿稱性惡〔五〕，公孫子曰性無善惡〔六〕，揚雄曰人之性善惡渾〔七〕，劉向曰性情相應，性
不獨善，情不獨惡〔八〕。」曰：「問其理。」曰：「性善則無四凶〔九〕，性惡則無三仁〔一○〕。
人無善惡，文王之教一也，則無周公、管、蔡〔一一〕。性善情惡，是桀紂無性而堯舜無情

也〔一二〕。性善惡皆渾，是上智懷惠，而下愚挾善也。理也未究矣〔一三〕。惟|向言爲

然〔一四〕。」

〔一〕校補：《漢書匈奴傳上|顏師古注：「品謂等差也。」

〔二〕黃注：|孔子曰「性相近也」，今既曰命，命無不善，不當云「相近」矣。校補：《論語陽貨「子曰：

性相近也，習相遠也」，又「子曰：唯上知與下愚不移〔「知」一作「智」〕」，其意謂人性本相近，

而有善惡之分者，習使然也。習善則移於善，習惡則移於惡，唯上智與下愚者不能移。|悅仿孔

子語，而易「性」爲「命」，易「習」爲「事」，故注謂言「命」不當云「相近」。按|悅之答乃承上或問

天命與人事之關係，其意蓋謂人於己之命運，其吉凶之殊在盡人事與否，盡人事則吉，否則凶，

下文所謂「窮理盡性以至於命」，即盡人事之意，非謂人人命運皆相近也。然云「命相近」，則實

有語病。

〔三〕黃注：易繫辭文。校補：按此說卦文。說卦韓康伯注：「命者生之極，窮理則盡其極也。」|孔

穎達疏：「命者，人所稟受，有其定分，從生至終，有長短之極，故曰『命者生之極』也。」此所賦

命，乃自然之至理，故窮理則盡其極也。」按「窮理盡性以至於命」，謂窮究自然之理，盡順其天

命之性，以達於天命之善終。

〔四〕校補：按自此以下皆轉論人性之善惡，與上文論命之吉凶不相貫，似非一節之文。孟子滕文

公上：「性者，人所稟於天以生之理也，渾然至善，未嘗有惡。」又論衡本性云「孟子作性善之

篇，以爲人性皆善，及其不善，物亂之也」，彼性善篇見孟子外書，趙岐孟子題辭以爲後世依托

之作。

〔五〕黃注：荀子有性惡篇，大抵言人之性本惡，其善者偽也。校補：荀子性惡云：「人之性惡，其

善者偽也。」楊倞注：「偽，爲也。凡非天性而人作爲之者，皆謂之偽。」按偽謂人爲，非詐偽

之謂。

〔六〕校補：論衡本性云：「故世子作養性書一篇（按世子，周人世碩），密子賤、漆雕開、公孫尼子之

徒亦論情性，與世子相出入，皆言性有善有惡。」公孫子即公孫尼子，漢書藝文志謂孔子門下之

弟子。是公孫等謂性有善有惡，非謂性無善惡。孟子告子上：「告子曰：性猶湍水也，決諸東

方則東流，決諸西方則西流。人性之無分於善不善也，猶水之無分於東西也。」趙岐注：「湍

者，圜也，謂湍湍瀠水也。告子以喻人性若是水也，善惡隨物而化，無本善不善之性也。」是稱

性無善惡者，乃告子。

〔七〕黃注：揚子修身篇曰：「人之性也善惡混，修其善則爲善人，修其惡則爲惡人。氣也者，所適

善惡之馬歟？」校補：渾、混通用。「人之性善惡之中善惡相渾，非純善純惡，故下

文悅駁曰「性善惡皆渾，是上智懷惡，而下愚挾善也」。此與性有善有惡說異。

〔八〕黃注：向之意，以性善者情亦善，情惡者性必惡，故曰「相應」。校補：向字子政，説陰陽災異，漢書有傳。論衡本性：「劉子政曰：性，生而然者也，在於身而不發。情，接於物而然者也，形出於外。形外則謂之陽，不發者則謂之陰。」是向主性内而情外，故云「性情相應」，性之善惡見之於情也。按下文悅就以上諸説議之，列舉「性善」、「性惡」、「人無善惡（按「人」當作「性」）」、「性善情惡」，而結之以「向言爲然」。唯所舉「性善情惡」之説於上文無交待，是此處劉向「性情相應」説之上，當有「性善情惡」說，今本蓋脱之。

〔九〕黃注：四凶，共工、驩兜、三苗、鯀也。校補：舜黜罰堯時之四凶，名如黃注所舉，見書舜典。一説四凶爲渾敦、窮奇、檮杌、饕餮，見左傳文公十八年。此駁上孟子性善説。

〔一〇〕黃注：孔子曰：「殷有三仁焉。」謂微子、箕子、比干也。校補：三仁當紂王時。此駁上荀子性惡説。

〔一一〕黃注：周公曰、管叔鮮、蔡叔度，皆武王同母兄弟。校補：此駁上公孫子性無善惡説。「人」當作「性」，上文云「公孫子曰性無善惡」，此引公孫子（實爲告子）之説而議之，故云「性無善惡」。

謂如云性無善惡，則文王之教化無二也，何以其子有性善如周公，又有性惡如管叔、蔡叔者？

〔三〕校補：舉「性善情惡」，於上文無所承，當是上文有脱失耳。

〔三〕黃注：「惠」當作「惡」。校補：按黃校是。此駁上揚雄「性善惡渾」說。「理也未究」，謂以上諸説皆未能盡人性之理。玉篇穴部：「究，盡也。」

〔四〕黃注：韓子三品之說有類於此。校補：韓愈作原性，以情有三品，對性之三品，見東雅堂韓昌黎集注卷十一。按性謂天性，如食色是也；情謂情感，如喜怒愛憎是也。生而然者謂之性，感於物而發之於外謂之情。劉向僅曰「性情相應」，未言性之或善或惡。孔子言性相近、習相遠，其後之論人性者夥矣。夫孔子言習相遠者，謂人性之相遠以習染故。以習相遠，實乃後天之性。然先天之性何如耶？孔子但曰「相近」，未言其本善、本惡。蓋生而然者，無所謂善亦無所謂惡也。後人之論有曰性本善，有曰性本惡，有曰性本善惡相混，皆就後天之性以定其先天，顛矣。唯告子謂性本無善惡，乃近孔子「性相近」之說。夫人之性，飢欲食，渴欲飲，長而有牝牡之欲，趨利而避害，此皆與生而來者，無所謂善惡也。然人固非動物，人之生存不離社會之習染，其性謂之善，謂之惡，乃因人性之後天社會表現而異。即如飢欲食，天性也；奪人之食，性惡也。趨利避害，天性也；見利而不忘義，性善也。牝牡之欲，亦天性也；呂氏春秋恃

君云上古之世「其民聚生羣處，知母不知父」，此母權制社會之羣交也。知母不知父，其性惡

耶？ 易恒六五曰「婦人貞吉，從一而終也」，此父權制社會之倫理也。婦人從一而終，其性善

耶？ 此皆因牝牡之欲而然，表現則因習俗而異，而後世觀之則有善惡之分耳。曰善曰惡，性

之後天表現皆因時代之俗、個人之習而異。悦之駁諸子之也，舉堯時有惡人以駁孟之性善說，

舉紂時有善人以駁荀之性惡說，舉周公、管、蔡善惡相異以駁公孫尼子（實告子）之性無善惡

説。夫諸子何嘗言世無善人、無惡人乎？彼所異者，在稱其先天之性爲何如耳。至人之所以

終成善惡，彼皆各有其說，非謂性本善必成善、性本惡必成惡也。是悦之駁亦未得矣。

或曰：「仁義，性也〔一〕。好惡，情也。仁義常善，而好惡或有惡。故有情，惡

也〔二〕。」曰：「不然。好惡者，性之取舍也。實見於外，故謂之情爾，必本乎性矣〔三〕。

仁義者，善之誠者也，何嫌其常善〔四〕？好惡者，善惡未有所分也，何怪其有惡〔五〕？

凡言神者，莫近於氣。有氣斯有形，有神斯有好惡喜怒之情矣〔六〕。故人有情，由氣

之有形也〔七〕。氣有白黑，神有善惡〔八〕。形與白黑偕〔九〕，情與善惡偕〔一〇〕，故氣黑非

形之咎，情〔一一〕惡非情之罪也〔一二〕。」

〔一〕校補：孟子告子上：「告子曰：性猶杞柳也（按杞柳，木名），義猶桮棬也（按桮同杯，杯棬即杯盞），以人性爲仁義，猶以杞柳爲桮棬。」告子以爲人之性無善惡，須修習而後知仁義，猶木須待製而後成杯盞之器。如以人性自有仁義，猶以木即杯盞也。此或曰「仁義，性也」，即告子所駁之「以人性爲仁義」。

〔二〕校補：「而好惡或有惡」，上「惡」字音烏路切，憎也；下「惡」字音烏各切，不善也。謂人之愛憎好惡或有不善者。「故有情，惡也」，承上「而好惡或有惡」言，「情」指好惡之情。按此謂性有仁義，仁義常善，故性常善；情之好惡或有不善，故有情爲不善也。此爲性善情惡說。

〔三〕校補：此悦答，謂性所欲則好之，所不欲則惡之，性之實見於外，則謂之情，情必本於性也。

〔四〕校補：荀子非十二子楊倞注：「誠，實也，謂無虛僞也。」此答或曰「仁義常善」，謂仁義爲善之真實者，何疑其常善耶？按或曰「仁義常善」者，乃承「仁義，性也」言之，云「仁義常善」即謂性常善也。悦所答似未中肯綮。

〔五〕校補：此答或曰「好惡或有惡」、「故有情，惡也」。按云「而好惡或有惡」，既言情之好惡或有不善者焉，則可知情之好惡亦或有善者矣，是「善惡未有所分也」。其善與不善既未分，則情之有惡又何足怪耶？

〔六〕校補：神，神智。氣，精氣。易繫辭上「精氣爲物」，孔穎達疏：「謂陰陽精靈之氣，氤氳積聚而爲萬物也。」管子心術：「氣者，身之充也。」古以萬物皆稟陰陽之精氣而生，精氣聚爲形骸，有形則有神，故曰「凡言神者，莫近於氣」。按下句云「有神斯有好惡喜怒之情矣」，此「神」實指性也。

〔七〕黃注：「人」當作「神」。校補：按黃校是。由同猶。上云「有神斯有好惡喜怒之情」，故曰「神有情」。上云「有氣斯有形」，故曰「猶氣之有形」。

〔八〕校補：「氣有白黑」，謂氣有和氣、乖氣也。上文曰「凡言神者，莫近於氣」，故謂神則因氣之黑白而有善惡。

〔九〕黃注：形之白黑，隨氣而有。校補：人稟氣而生，形骸隨氣之白黑而異，故曰「形與白黑偕」。

廣雅釋言：「偕，俱也。」

〔一〇〕黃注：情之善惡，隨神而彰。即劉向性情相應之說。校補：「善惡」，指上文「神有善惡」。謂情隨神之善惡，故曰「情與善惡偕」。上文云「有神斯有好惡喜怒之情」，是情本於神。神亦即

〔一一〕黃注：「情」當作「神」。校補：黃校是。性也。

〔三〕黃注：悅言形之惡本於氣，情之惡本於性也。校補：形之不善，根於氣之乖，非形之過。情之不善，根於神之惡，非情之罪也。神即性也，故注曰「情之惡本於性」。

或曰：「人之於利，見而好之。能以仁義爲節者，是性割其情也〔一〕。性少情多，性不能割其情，則情獨行，爲惡矣〔二〕。」曰：「不然。是善惡有多少也，非情也〔三〕。有人於此，嗜酒嗜肉，肉勝則食焉，酒勝則飲焉〔四〕。此二者相與爭，勝者行矣〔五〕，非情欲得酒、性欲得肉也。有人於此，好利好義，義勝則義取焉，利勝則利取矣〔五〕，非情欲得利、性欲得義也。此二者相與爭，勝者行矣〔六〕。其可兼者則兼取之，其不可兼者則隻取重焉〔七〕。若苟隻好而已，雖可兼取矣〔八〕。若二好鈞平，無分輕重，則一俯一仰，乍進乍退〔九〕。」

〔一〕校補：文選東京賦「不能節之以禮」，薛綜注引賈逵國語注曰：「節，制也。」節謂節制。後漢書劉玄傳「唯割既往謬妄之失」，李賢注：「割，絕也。」論衡本性「禁情割欲」，割欲即絕欲。割謂斷絕。

〔二〕校補：「情獨行」，謂好利而不顧仁義，任情而行。人見利而好之，而能以性之仁義節制情之好利，是性絕情也。按此亦謂性善情惡。

〔三〕校補：此下爲|悅駁性善情惡之説。|悅之意，謂好利而顧仁義，乃性善也；好利而不顧仁義，乃性惡也。是在性之善惡孰多孰少，而情與之相應耳，非情惡也。按|悅主「性情相應」説，故答之如此。

〔四〕校補：嗜肉勝過嗜酒，則食肉。嗜酒勝過嗜肉，則飲酒。下文「義勝則義取焉，利勝則利取焉」，解仿此。

〔五〕黃注：行，謂食、飲。

〔六〕黃注：行，謂取義、取利。

〔七〕校補：說文「隻」訓「鳥一枚」，引申爲單一。|慧琳一切經音義一引|桂苑珠叢云：「隻，單也。」「隻取重焉」，謂若義與利不可兼得，則單取己所重者。

〔八〕黃注：（「雖可兼取」下）當有闕文。|盧校：「雖可兼取」下，當脫「亦弗之兼」四字。|錢校：「雖」疑當作「難」。校補：此文雖不可臆補，其意蓋謂若單好義或利，即可兼取之，亦不兼取之矣。

〔九〕黃注：相持不定。校補：謂若好義好利等，無所輕重取捨，而勢不可兼得，則義利交戰於心，猶豫不決，左右爲難也。一俯一仰，一俯首一仰首，謂思而不決。|助字辨略：「乍，忽也。」乍進

乍退，謂進退取捨猶豫。

或曰：「請折於經〔一〕。」曰：「易稱『乾道變化，各正性命』，是言萬物各有性也〔二〕。『觀其所感，而天地萬物之情可見矣』，是言情者應感而動者也〔三〕。昆蟲草木皆有性焉，不盡善也〔四〕。天地聖人皆稱情焉，不主惡也〔五〕。又曰『爻象以情言』，亦如之〔六〕。凡情、意、心、志者，皆性動之別名也〔七〕。『情見乎辭』，是稱情也〔八〕。『言不盡意』，是稱意也〔九〕。『中心好之』，是稱心也〔一〇〕。『以制其志』，是稱志也〔一一〕。惟所宜各稱其名而已，情何主惡之有？故曰必也正名〔一二〕。」

〔一〕校補：論語顏淵「片言可以折獄者」，邢昺疏：「折，猶決斷也。」按此或言乃承前文而問，謂請於經書斷定情本於性之説。

〔二〕黃注：乾象曰：「乾道變化，各正性命，保合大和，乃利貞。」校補：「乾道變化，各正性命」，孔穎達疏：「言乾之爲道，使物漸變者、使物卒化者，各能正定物之性命。」舉此以證物皆有性。

〔三〕黃注：咸象曰：「天地感而萬物化生，聖人感人心而天下和平。觀其所感，而天地萬物之情可見矣」。校補：「觀其所感，而天地萬物之情可見矣」，王弼注：「天地萬物之情見於所感也。」

孔穎達疏：「感物而動謂之情也。天地萬物皆以氣類共相感應，故觀其所感而天地萬物之情可見矣。」舉此以證情乃感應於物而發者。

〔四〕黃注：此復申「情不獨惡」之說。校補：此承上「萬物各有性也」言之，謂物皆有性，至於「昆蟲草木」亦無不然，故性不盡善。性不盡善，則知情不獨惡。

〔五〕黃注：此復申「性不獨善」之説。校補：漢書淳于長傳「長主往來通語東宮」，顏師古注：「主，猶專。」上文引咸卦象辭云「天地萬物之情可見」，是天地稱情。下文引繫辭下「（聖人之）情見乎辭」，是聖人稱情。天地聖人皆有情，是情非專惡也。

〔六〕黃注：易繫辭曰：「八卦以象告，爻象以情言。」校補：「爻象以情言」，韓康伯注：「辭有險易，而各得其情也。」孔穎達疏：「人情不等，制辭各異也。」「亦如之」言其意亦如上所言。按人情不等，爻象之辭以情言，故其辭亦有險易吉凶，是情非專惡。

〔七〕校補：謂情、意、心、志，四者皆性之感於物而動之稱，義同而名異，故曰「別名」。下引經文爲證。

〔八〕黃注：易繫辭曰：「聖人之情見乎辭。」

〔九〕黃注：易繫辭曰：「書不盡言，言不盡意。」

〔一〇〕黃注：詩彤弓曰：「我有嘉賓，中心好之。」

〔二〕校補：「其志」當作「六志」。「六」與古文「其」（「亓」）形似。左傳昭公二十五年：「民有好、惡、喜、怒、哀、樂，生于六氣，是故審則宜類，以制六志。」杜預注：「為禮以制好惡喜怒哀樂六志，使不過節。」按好惡喜怒哀樂，情也，而稱「志」，是情亦謂之志。白虎通情性：「六情者何謂也？喜、怒、哀、樂、愛、惡謂六情。」

〔三〕校補：謂「情」之稱，唯各隨其宜而名之，情何專為惡之名哉，故曰必正其名也。論語子路：「子曰：必也正名乎。」謂使名與其實相符。

或曰：「善惡皆性也，則法、教何施？」曰：「性雖善，待教而成；性雖惡，待法而消。唯上智下愚不移〔一〕，其次善惡交爭，於是教扶其善，法抑其惡〔二〕。得施之九品〔三〕，從教者半，畏刑者四分之三，其不移大數九分之一也〔四〕。一分之中又有微移者矣〔五〕。然則法教之於化民也，幾盡之矣。及法教之失也，其為亂亦如之〔六〕。」

〔一〕黃注：論語文。

〔二〕校補：謂非上智、下愚者，其性可移於善，亦可移於惡，則善惡交相爭於心，故以禮教助其善之長，而以刑法抑其惡之生。

〔三〕校補：漢書匈奴傳上顏師古注：「品，謂等差也。」漢書古今人表分人爲「上上聖人」至「下下愚人」凡九等。助字辨略：「得，能也。」「施之」「之」指法、教。謂可於此九等之人施用禮教、刑法也。

〔四〕校補：大數，大凡之數，猶大略。按「從教者半」「半」乃約舉，謂九分之五。九等人中，從禮教而遷善者九之五，其餘畏刑法而去惡者又四之三，計其不移者僅四之一，大略佔九等人之九分之一耳。

〔五〕校補：不移之九分之一中，又有能稍微從善去惡者。

〔六〕校補：失，謂不得當。刑法禮教失當，則其爲亂亦幾盡之。

或曰：「法教得則治，法教失則亂。若無得無失〔二〕，縱民之情，則治亂其中乎〔三〕？」曰：「凡陽性升，陰性降，升難而降易。善，陽也；惡，陰也。故善難而惡易。縱民之情，使自由之，則降於下者多矣〔三〕。」曰：「中焉在？」曰：「法、教不純，有得有失，則治亂其中矣。純德無慝，其上善也〔四〕。伏而不動，其次也。動而不行，行而不遠，遠而能復，又其次也〔五〕。其下者，遠而不近也〔六〕。凡此皆人性也。制之者則心也，動而抑之〔七〕，行而止之〔八〕，與上同性也。行而弗止，遠而弗近，與下同終也。」

〔一〕校補：此猶言不施刑法禮教，故法教既無所謂當，亦無所謂不當。

〔二〕校補：列子力命「得亦中，亡亦中」，張湛注：「中，半也。」謂治亂各半。下文「中焉在」、「則治亂其中矣」「中」亦指半治半亂。

〔三〕黃注：若無法教，則為惡者易，故多。校補：「自由之」「之」承上句指「情」，謂使民自從其性情。

〔四〕錢校：治要無「善」字，此疑衍。校補：按錢校近是，下文「與上同性也」亦無「善」字。

〔五〕黃注：動，謂惡之萌動。行，則見之於外。遠，則行而不返。

〔六〕錢校：治要作「其下遠而已矣」。校補：按「近」，當作「返」，形似而誤。上文云「遠而能復」，復即返也。此云「遠而不返」，與「遠而能復」正相反，謂行惡不止，久而不歸正也。如作「遠而不近」，則語重而義複。下文「遠而弗近」「近」亦「返」之誤。

〔七〕黃注：過於隱微。

〔八〕黃注：禁於履踐。

君子嘉仁而不責惠〔一〕，尊禮而不責意〔二〕，貴德而不責怨〔三〕。其責也先己，而行也先人〔四〕。淫惠、曲意、私怨，此三者實枉貞道，亂大德〔五〕。然成敗得失，莫匪由之〔六〕。救病不給，其竟奚暇於道德哉？此之謂末俗〔七〕。故君子有常交，曰義也；有常誓，曰信也〔八〕。交而後親，誓而後故，狹矣〔九〕。大上不異古今，其次不異海內，同天下之志者，其盛德乎〔一〇〕。大人之志不可見也，浩然而同於道〔一一〕。眾人之志不可掩也，察然而流於俗〔一三〕。同於道，故不與俗浮沉〔一二〕。

〔一〕 校補：禮記禮運鄭玄注：「嘉，樂也。」說文貝部：「責，求也。」責者，本謂索求、要求，引申為責問、責備。慧琳一切經音義二引說文云：「責，求也，問也。」二義兼訓。此節「不責惠」、「不責意」「責」訓責求；「不責怨」「責」當訓責備。惠，指下文之「淫惠」，謂施惠無節制。言君子雖樂仁惠，而不求人濫施恩惠。蓋濫施恩惠者，非仁惠之謂。

〔二〕 校補：意，指下文之「曲意」。言君子雖重禮敬，而不求人曲意奉承。蓋曲意奉承者，非禮敬之謂。

〔三〕 校補：怨，即下文之「私怨」。言君子貴德，而不責備人私怨於己。

〔四〕 校補：謂君子責己先於責人，事則先於人而行。「先己」使己在人先也。此「先」字乃使動用法。「先人」，已先於人也。

〔五〕校補：廣雅釋詁：「貞，正也。」

〔六〕校補：經傳釋詞：「然，猶而也。」「成敗得失」，偏指敗、失。「莫匪由之」，猶言無不由之。「之」指上「枉貞道，亂大德」言。

〔七〕校補：給音居立切。不給猶言不及、不暇。國語晉語二「豫而後給」，韋昭注：「給，及也。」漢書王莽傳下「不給復憂盜賊治官事」，顏師古注：「給，暇也。」助字辨略：「竟即究竟，省言之也。」此承上文言之，意謂所以有敗有失皆由枉正道、亂大德，此病救之猶恐不及，尚有何閑暇空言道德哉？此可謂末世之俗也。

〔八〕校補：説文言部：「誓，約束也。」文選贈蔡子篤詩「君子信誓」，六臣注引李周翰曰：「誓，約也。」誓謂約信、約定。「常交」謂君子與人交有常道，即義也。「常誓」謂君子守約有恒，即信也。

〔九〕校補：親、故互文，故亦親也。周禮秋官小司寇鄭玄注：「故，謂舊知也。」舊交曰「故」，故引申亦有親近之義。交而後親，誓而後故，皆有待於人之交己，非己先待人以親厚、信義，故曰「狹」。

〔一〇〕校補：「大」同「太」，程本、四庫本作「太」。「同」爲動字。謂太上不分古今，其次不分地域，有

能使天下同一其志者，則斯人德盛矣。

〔一一〕黃注：大人之志，渾合造化，故不可窺量。校補：論語季氏集解：「大人即聖人，與天地合其

德者也。」按政體篇云：「立天之道曰陰與陽，立地之道曰柔與剛，立人之道曰仁與義。」此云大

人之志同於道，即以仁義爲志。上文云「同天下之志」，亦即同以仁義爲志。

〔一二〕黃注：衆庶之志，流順世俗，故易於照鑒。校補：淮南子主術「法令察而不苛」，高誘注：「察，

明也。」察然，猶昭然。謂衆人之志昭然與世俗同流。

〔一三〕黃注：言大人合道，故超俗。

或曰：「脩行者，不爲人恥諸神明，其至也乎〔一〕？」曰：「未也。自恥者，本也。

恥諸神明，其次也。恥諸人，外矣〔二〕。夫唯外，則匪積於內矣〔三〕。故君子審乎自

恥〔四〕。」

〔一〕校補：脩、修通用，「修行」謂修德。莊子大宗師「修行无有」，成玄英疏：「修己德行，無有禮

儀。」爲讀平聲。恥，羞愧。慧琳一切經音義十六引考聲云：「恥，愧也。」經傳釋詞：「諸，於

也。」謂修德者，爲人無愧於天地神明，可謂修德之極至乎？

〔二〕校補：外，表也。蓋君子以能自知愧爲本，無愧於心則自然無愧於神明，故知羞愧於神明尚爲

其次。至於知羞愧於人，則僅在外表也。蓋示人愧情者，或有矯僞作虛而飾其表，其内心未必

誠知羞愧，故曰「外矣」。

〔三〕校補：廣雅釋詁：「慝，惡也。」禮記禮器「無節於内」，孔穎達疏：「内，猶心也。」唯飾其外而

不知自愧，則惡念積於心，未發而已。

〔四〕黃注：能自愧恥，則必能脩行，而幽明無怍矣。校補：淮南子本經高誘注：「審，明也。」

或曰：「恥者，其志者乎〔一〕？」曰：「未也。夫志者，自然由人，何恥之有〔二〕？

赴谷必墜，失水必溺，人見之也。赴穽必陷，失道必沈，人不見之也，不察之故〔三〕。

君子慎乎所不察。不聞大論則志不弘，不聽至言則心不固〔四〕。思唐、虞於上世，瞻

仲尼於中古，而知夫小道者之足羞也〔五〕。想伯夷於首陽〔六〕，省四皓於商山，而知夫

穢志者之足恥也〔七〕。存張騫於西極〔八〕，念蘇武於朔垂〔九〕，而知懷間室者之足鄙

也〔一〇〕。推斯類也，無所不至矣〔一一〕。德比於上〔一二〕，欲比於下〔一三〕。德比於上故知恥，

欲比於下故知足。恥而知之，則聖賢其可幾〔一四〕；知足而已，則固陋其可安也〔一五〕。

聖賢斯幾，況其爲愿乎〔一六〕？固陋斯安，況其爲侈乎〔一七〕？是謂有檢〔一八〕。純乎純

哉，其上也〔一九〕。其次得概而已矣〔二〇〕。莫匪概也，得其概，苟無邪，斯可矣〔二二〕。君子

四省其身，怒不亂德，喜不義也〔二三〕。」

〔一〕校補：前節云：「凡情、意、心、志者，皆性動之別名也。」下文悅答曰「夫志者，自然由人」云云，則此「志」亦指情言。問知羞愧者，乃人之情乎？

〔二〕校補：謂情乃由人之自然者，情何自生羞愧耶？

〔三〕校補：失，失脚也，本亦作「跌」，失、跌同聲。説文井部：「穽，陷也。」即陷阱。赴谷則墜，落水則溺，谷、水皆目所見，故人皆知之。赴穽則沉陷，失道義則沉淪，陷阱、道義皆目所不見，則人不知，以不察故也。

〔四〕校補：管子侈靡「汝言至焉」，尹知章注：「至，謂盡理。」心不固，謂志意不堅。

〔五〕校補：論語泰伯下「唐、虞之際，於斯爲盛」，集解引孔安國曰：「唐者，堯號。虞者，舜號。」思堯舜於上世，瞻孔子於中古，而後知道之大，覺小道爲足羞。按此以堯舜並三代爲上世，故以春秋之孔子屬之中古。

〔六〕校補：伯夷與弟叔齊爲商孤竹君之子。周文王卒，子武王伐商紂，夷、齊扣馬而諫武王，以爲

父死不葬爲不孝，以臣伐君爲不仁。及武王平商，夷、齊恥食周粟，餓死於首陽山。事見史記伯夷列傳。

〔七〕校補：荀子王制楊倞注：「省，觀也。」上文曰「思唐、虞於上世，瞻仲尼於中古」，以「思」與「瞻」對，此云「想伯夷於首陽，省四皓於商山」，以「想」與「省」對，省亦猶瞻也。文選雜體詩三十首張廷尉綽六臣注引張銑曰：「皓，老人貌。」按皓謂白首。四皓即商山四公，見雜言上「或曰：在上有屈乎」節注。穢，不潔也。穢志，謂志趣卑污。

〔八〕黃注：張騫，漢中人，建元中爲郎，應募使月氏，與堂邑氏奴甘父俱出隴西，徑匈奴之，傳詣單于，留騫十餘歲。騫亡至大宛，爲發譯道，抵康居。康居傳致大月氏，至大夏。留歲餘，還，並南山，欲從羌中歸，復爲匈奴所得。留歲餘，單于死，國中亂，騫與胡妻及堂邑父俱亡歸漢。拜騫大中大夫。初騫行時百餘人，去十三歲，惟二人得還。校補：玉篇木部：「極，遠也。」西極，西方遠地，指西域。

〔九〕黃注：朔，北方也。校補：存、念互文。詩鄭風出其東門「匪我思存」，「思存」複語，存亦思念。禮記祭義鄭玄注：「存，則謂其思念也。」說文土部：「垂，遠邊也。」後起字作「陲」。蘇武，見雜言上「或問曰難行」節注。

〔一〇〕校補：廣雅釋宮：「閭，里也。」閭室，鄉里家室。念鶱、武遠赴異域以效力國家，而後知留戀鄉土家室者之足可鄙薄。

〔一一〕校補：意謂以此類推之，則道德志趣無所不至高尚之境。按此即「見賢思齊」之謂。

〔一二〕黃注：上謂聖賢。

〔一三〕黃注：下謂貧賤。

〔一四〕校補：經傳釋詞：「其，猶殆也。」按猶今言大概。幾通冀，冀望。漢書五行志中之上「幾以獲神助」，顏師古注：「幾讀曰冀。」「聖賢其可幾」，言殆可望成聖賢。

〔一五〕校補：此「固陋」承「知足」言，當謂困厄簡陋。固訓閉，引申爲困厄。安，謂心安。

〔一六〕黃注：必無邪慝。校補：經傳釋詞：「斯，猶乃也。」

〔一七〕黃注：必無放佟。

〔一八〕校補：書伊訓孔穎達疏：「檢，謂自攝斂也。」字彙木部：「檢，檢束也。」有檢，謂有節操。

〔一九〕校補：謂德行純無瑕疵，是爲上等。

〔二〇〕校補：史記伯夷列傳索隱：「概是梗概，謂略也。」概謂大略、大要。不能純，而得其大要，是爲次等。

〔三〕校補：「莫匪」同「莫非」，猶言「無非」。言無外乎概而已，得其概而不爲邪，則可矣。

〔三〕黃注：（「喜不」下）缺一字。校補：論語學而「曾子曰：吾日三省吾身」云「三」者，舊解謂再三，集注謂指三事。此易「三」爲「四」，當用再三再四之義。又按永樂大典載傅子仁論篇，採入申鑒此節（見四庫本、武英殿聚珍本傅子），文作「君子内省其身，怒不亂德，善不亂義也」。

〔四〕作「内」，義長。「善」爲「喜」之形訛。今本「喜不」下當脱一「亂」字。

附録一　序跋提要

申鑒注序（治按：四部叢刊本此序末葉與後王鏊序末葉互錯，今乙正。）

班史載劉向稱賈誼通達國體，伊、管未能遠過。今觀其著述采掇于傳中者，其論甚美，蓋信乎其然也。荀悅作申鑒，范史亦稱悅通見政體，掇其篇首數百言見之其傳，且謂其所爲漢紀論辨多美。今仲豫書具在也，然則仲豫亦長沙之流亞乎？誼言當方興有道之朝，雖爲庸臣所害，而不害其略施行矣。悅言適垂盡無用之世，有如昔人切於世事者乎？上雖善之，奚益？悅辟曹操府，與從弟或、北海孔融同侍講中禁，獻替間莫能直遂。融、或前後死賊手，勢益孤，是書之作，如之何其敢及也？於戲！正色抗情者生不足樂，文舉之被戮，無羨仲豫之生；功申運改者死抱餘恨，仲豫之幸存，未必不如文若之死。士有經世志略，孰不願得所天而事之？顧所遭何如，所自爲處何如耳。悅於所遭與誼異，所自處異乎融暨或矣。吳郡黃君勉之爲申鑒注，其真有所感，如跋君注者之所云乎。君青年博學，精義理，工文詞，凡古今載籍，奇探賾舉，胡乃屑注是書？吾固知其有所感而爲也。悦是書視賈誼新書大抵相類，皆欲以經世者。太傅五十八篇，予嘗手加編次訂正，至訛誤處不敢不闕其疑。是五篇者，宋尤袤刻寘江西漕臺時，已云其簡編脱繆，字畫差舛。君茲所注，得微其本歟？有功仲豫多矣。幸併予所疑於太傅書者補其闕焉，亦二子身後之一遭也。嘉靖乙酉十一月冬至日，郴燕泉何孟春子元父序。

申鑒注序

申鑒五卷，漢荀悦著。悦仕獻帝朝，辟曹操府，與孔融及弟彧同侍講禁中。悦每有獻替，而意有未盡，此申鑒所爲作者，蓋有志於經世也。然當時政體，顧有大於攬機務，使權不下移者乎？而曾無一言及之，何哉？厥後融以論建漸廣，或以不阿九錫，皆不得其死。悦獨優游以壽終，其亦善處濁世者矣。其論政體，無賈誼之經制而近於醇，無劉向之憤激而長於諷。其雜言等篇頗似揚雄法言，雄曲意美新，而悦無一言及於操，視雄爲優矣。或言悦書似徐幹、王符，考其歸，茲若人之儔乎？吾未知所先後也。而三品之説，昌黎公有取焉。其書世亦罕傳，吾蘇黄勉之好蓄異書，又爲之訓釋，搜討磔裂，出入五經、三史、春秋内外傳、老莊、淮南、素難、天官地志，博洽精密，多得悦旨。雖然，悦之書其有所感而爲乎？勉之之注豈亦有感而爲乎？勉之春秋方富，行將抒其學，出而効用，當炳焉恭焉流聲實於天朝，尚何悦之慕哉。正德十四年歲在己卯冬十月既望，光禄大夫柱國少傅兼太子太傅户部尚書武英殿大學士致仕王鏊序。

注申鑒序

荀卿五十遊齊，在襄王時爲老師，被讒適楚，處濁世亡國亂君之間，著書數萬言，而竟無所施究，悲哉！逮十三世而有悦，其所遭之時如卿然，故托疾隱居。然不能高深丘壑，至建安初，辟於操府，遷黄門侍郎。時從弟或適守尚書令，而孔融自山東徵來，以是得同侍講中禁，濟經之務頗相討論。但政移曹氏，天子尸居，雖有嘉猷，將安用之？悅恐意蘊終不得披露，遂拾漢故新事，及所欲獻替者，爲申鑒五篇以奏。嗚呼！亦徒空言也矣。厥後篡業日開，蘭凋玉砧，麟囚鳳戮，而悅獨晏然保首領以沒者，良以融頻寓書規操，而操軍國之事必籌於或，由此戾忤而不免也。悅於見幾君子誠若有愧，然立漢庭十二年，清虛沈靜，未嘗效一言於操，不其賢歟？不其賢歟？予嘗悲其所遭，而讀其書間窺其領要，遂爲之注，浹旬而成，共得萬四千餘言，以笥藏之。雖不能無揭竿求海之病，而事可證引者亦略具矣。若其深詞奧義，譌文脫簡，則竢大方君子覽而正焉。　正德己卯秋九月望，吳郡黃省曾序。

跋申鑒注後

右荀悅申鑒五卷，乃吳郡黃文學勉之所注也。漢史載悅爲獻帝黃門侍郎，是時政移曹操，故申漢故事以爲帝鑒，及泄所蘊負，共五篇，以上。一曰政體，二曰時事，三曰俗嫌，四曰雜言上，五曰雜言下，皆深切時弊、關治化、人君所當遵行者，悅之用心可謂勤矣。勉之感其所遭，而先帝之時，適有奸臣心迹如操者竊弄威柄，遂憤激

爲注此書，共得萬四千餘言，中所引據又皆漢事，尤爲博洽。少傅守谿王公謂其有

感而爲者，誠然哉。昔揚雄自言所著太玄經，後世必有知子雲者。今觀勉之注，

殆亦深知荀悦者與？正德辛巳冬十一月望白巖山人喬宇識。

識

右荀悦申鑒五卷。悦字仲豫，潁川人，荀氏「八龍」儉之子也。漢書本傳云，悦

好著述，初辟鎮東將軍曹操府，遷黃門侍郎，累遷侍中。時政移曹氏，天子恭己而

已。悦志在獻替，而謀無所用，乃作申鑒五篇，其所論辨，通見政體。書奏，帝覽而

善之。又以班固漢書文繁難省，令悦依左氏傳體爲漢紀三十篇，辭約事詳，論辨多

美。二書並行於世。顧漢紀自宋祥符後凡四五鋟板，國朝襄平蔣氏復與袁宏後漢

紀合刻，以廣其傳。而此書獨少傳本。前明正統時，吳郡黃勉之始爲訓釋，復賴何

氏采入漢魏叢書，而後不至與桓譚新論、仲長統昌言等書同歸烏有也。近抱經堂盧氏

書拾補內申鑒一則，乃合程氏、何氏、黃氏三本參校。要之，諸本俱無甚脫誤，盧氏

多據他書及己意修改，於此書亦未必無小補云。汝上王謨識。

四庫全書總目提要

申鑒五卷，漢荀悦撰。悦有漢紀，已著録。後漢書荀淑傳稱悦侍講禁中，見政移曹氏，志在獻替，而謀無所用，乃作申鑒五篇。其所論辨，通見政體，既成奏上，帝覽而善之。其書見於隋經籍志、唐藝文志者皆五卷，卷為一篇。一曰政體，二曰時事，皆制治大要及時所當行之務。三曰俗嫌，皆機祥讖緯之説。四曰雜言上，五曰雜言下，則皆泛論義理，頗似揚雄法言。後漢書取其政體篇為政之方一章，時事篇正當主之制、復內外注記二章，載入傳中。又稱悦別有崇德、正論及諸論數十篇，今並不傳，惟所作漢紀及此書尚存於世。漢紀文約事詳，足稱良史。而此書剖析事理亦深切著明，蓋由其原本儒術，故所言皆不詭於正也。明正德中吳縣黃省曾為之注，凡萬四千餘言，引據博洽，多得悦旨。其於後漢書所引間有同異者，亦並列其文於句下，以便考訂。然如政體篇「真實而已」句，今本後漢書

「實」作「定」，「不肅而治」句，今本後漢書「治」作「成」，而省曾均未之及，則亦不免於偶疎也。

附錄二　評論三則

〔宋〕黃震（黃氏日鈔五十七。治按：引申鑒闕文據文始堂本補。）

申鑒五篇，東漢荀悅書也。自言道本仁義，備在典籍，前鑒既明，後復申之，謂之「申鑒」。然大抵辭繁理寡，體亦不一。政體第一，時事第二，多舉凡目，頗用汲冢周書之體。俗嫌第三，雜言第四、第五，多用或問，頗效揚雄法言之體。其言之合於理者，如曰「人主有公賦無私求，有公用無私費，有公役無私使，有公賜無私惠，有公怒無私怨」，如曰「求己之所有餘，奪下之所不足，捨己之所易，責人之所難，怨之本也」，如「孺子之驅雞也，而見御民之術，迫則飛，疎則放，志〔閑則比之〕，志安則循路而入門」，「或問卜筮，曰吉而濟，凶而救之，謂益。吉而恃，凶而怠之，謂損」，「或問避疾厄，曰可避非身，可逃非神。孺子掩目巨夫之掖，而曰逃，可乎」，「或問神仙之術。曰終始，運也；短長，數也。運數非人力之爲也」，「體宜調而矯之，神宜平而抑

之，必有失和者矣」。又謂「人臣之義，不曰吾君能矣，不我須也，言無補也，而不盡
忠；不曰吾君不能矣，不我識也，言無益也，而不盡忠。進忠有三術，先其未然〔謂
之防〕，發而止之謂之救，行而責之謂之戒」。凡其言之合於理者，如此。如曰「善治
民者治其性，故跖可使與伯夷同功」，則喜於立論之過。論性情者屢章，而當於理者
殊少。文亦頗卑弱，與其所著漢紀頗不類，未知果悅之真否。此本淳熙九年尤袤刻

江西漕司。

〔元〕胡三省（資治通鑑六十四注）

荀悅申鑒，其立論精切，關於國家興亡之大致，過於彧、攸。至于揣摩天下之
勢，應敵設變以制一時之勝，悅未必能也。曹操奸雄，親信彧、攸，而悅乃在天子左
右。悅非比於彧、攸，而操不之忌，蓋知悅但能持論，其才必不能辦也。嗚呼，東都
之季，荀淑以名德稱，而彧、攸以智略濟。荀悅蓋得其祖父之彷彿耳，其才不足以用
世。其言僅見于此書，後之有天下國家者，尚論其世，深味其言，則知悅之忠于漢

室，而有補于天下國家也。

〔明〕方孝孺（遜志齋集四雜著讀荀悦申鑒）

荀悦申鑒五卷，其論治亂興亡之理詳矣。悦生漢之衰，丁靈、獻之際，强臣竊柄，天下潰潰，日非漢有。悦雖侍講禁中，而天子拱手受制，知其莫之有爲，著此書以宣其志。悦蓋有用之材，又親見世之亂，故其言愈有徵據，從而行之，可以爲治。而自漢以來鮮有言之者，縱或言之，特以其文辭而已。著書之不足恃，如是哉！然秦焰之餘，聖道滅息，唐虞三代之大經且廢，而不講爲治者視之，以爲空言而共譁笑之，則夫悦書之不用又無足怪也。余讀其書，至曰「以智能治民者洶也，以道德治民者舟也」，悦然失色而悲之。

附錄三　荀悅傳（附見後漢書荀淑傳）

悦字仲豫，儉之子也。儉早卒。悦年十二，能說春秋。家貧無書，每之人間〔一〕，所見篇牘〔二〕，一覽多能誦記。性沈靜，美姿容，尤好著述。靈帝時閹官用權，士多退身窮處〔三〕，悦乃託疾隱居，時人莫之識，從弟彧及特稱敬焉〔四〕。初辟鎮東將軍曹操府〔五〕，遷黃門侍郎〔六〕。獻帝頗好文學〔七〕，悦與彧及少府孔融侍講禁中〔八〕，旦夕談論。累遷祕書監、侍中〔九〕。時政移曹氏，天子恭己而已〔一〇〕。悦志在獻替〔一一〕，而謀無所用，乃作申鑒五篇。其所論辨，通見政體〔一二〕，既成而奏之。其大略曰（中略）。帝覽而善之。

帝好典籍，常以班固漢書文繁難省，乃令悦依左氏傳體以爲漢紀三十篇，詔尚書給筆札〔一三〕。辭約事詳，論辨多美。其序之曰（中略）。又著崇德、正論及諸論數十篇〔一四〕。

年六十二，建安十四年卒。

〔一〕爾雅釋詁：「之，往也。」「人間」，猶民間。

〔二〕說文片部：「牘，書版也。」書寫之木版曰牘，引申爲書籍。篇牘，篇章書籍。

〔三〕晏子春秋問上二：「晏子辭，不爲臣，退而窮處。」退身窮處，謂隱居不仕。

〔四〕戰國策秦策四「吾特以三城從之」，高誘注：「特，獨也。」堂房兄弟曰「從」，音足用切。集韻去聲三用：「從，同宗也。」「稱敬」，稱譽、敬重。

〔五〕文選詣蔣公奏記李善注：「辟，召也。」辟謂聘召。按曹操遷鎮東將軍在獻帝建安元年六月，其年十月轉拜司空，見三國志魏書武帝紀，是悅應曹聘召即在建安元年。本傳曰悅「年六十二，建安十四年卒」，則建安元年悅年四十九也。

〔六〕續漢書百官志三：「黃門侍郎，六百石。本注曰：無員。掌侍從左右，給事中，關通中外。」按黃門，禁中也。後漢書孝獻帝紀李賢注引興服志曰：「禁門曰黃闥。」黃門侍郎供職宮內，侍從帝左右，傳詔令。後漢書孝獻帝紀載獻帝即位「初令侍中、給事黃門侍郎員各六人」，給事黃門侍郎即黃門侍郎，本無定員，獻帝初始置六人。

〔七〕論語先進：「文學：子游、子夏。」邢昺疏：「若文章博學，則有子游、子夏二人也。」文學，辭藻文章之學。

〔八〕或從曹操爲司馬，操統軍治國，功業多出或之謀，後以不奉操進爵魏王，飲藥自盡，後漢書、三國志並有傳。融爲「建安七子」之一，獻帝都許，徵爲將作大匠，遷少府，後免官，復爲太中大夫，恃才自負，語多譏刺曹操，後爲操所殺，後漢書有傳。

〔九〕後漢書孝桓帝紀「（延熹二年）初置祕書監官」李賢注：「漢官儀：祕書監一人，秩六百石。」侍講，侍奉天子講授經學。按祕書監典守宮禁祕藏之圖書文籍。續漢書百官志三：「侍中，比二千石。本注曰：無員。掌侍左右，贊導衆事，顧問應對。」按黃門侍郎、侍中皆天子侍從，唯侍中官秩高。

〔一〇〕資治通鑑六十四胡三省注：「言恭己南面而已，政事無所預也。孔子曰：『無爲而治者，其舜也歟？夫何爲哉，恭己正南面而已。』後世遂以政在强臣，己無所預爲『恭己』。」

〔一一〕資治通鑑六十四胡三省注：「獻可、替否。」

〔一二〕「通見」，猶通明、通達。謂通曉爲政之體要也。

〔一三〕尚書，指屬官尚書右丞，掌筆墨諸財用庫藏，見續漢書百官志三。　給音居立切，供也。札，簡牘也。

〔一四〕四庫全書總目提要：「崇德、正論及諸論數十篇，今並不傳。」